भविष्य का स्त्री विमर्श

भविष्य का स्त्री विमर्श

ममता कालिया

वाणी प्रकाशन

प्रकाशन के उत्कृष्टतम 63 वर्ष

सजिल्द पहला संस्करण : 2015
सजिल्द दूसरा संस्करण : 2017
सजिल्द तीसरा संस्करण : 2026

vaniprakashan.com

वाणी प्रकाशन

4695, 21-ए, दरियागंज, नयी दिल्ली-110 002

फ़ोन : + 91 11 23273167, 23275710

शाखाएँ

अशोक राजपथ, पटना-800 004, बिहार

कॉफ़ी हाउस कैम्पस, महात्मा गांधी मार्ग, प्रयागराज-211 001, उत्तर प्रदेश

महात्मा गांधी अन्तरराष्ट्रीय हिन्दी विश्वविद्यालय, वर्धा-442 001, महाराष्ट्र

sales@vaniprakashan.in
vaniprakashan@gmail.com

Bhawishya Ka Stri Vimarsh
by Mamta Kalia

ISBN : 978-93-5072-965-6
Feminism

मूल्य : ₹ 350

जी.एस. ऑफ़सेट, दिल्ली-110 095 में मुद्रित

वाणी प्रकाशन का लोगो मक़बूल फ़िदा हुसैन की कूची से

अनुक्रम

स्त्री विमर्श और लेखन	07
बलात्कार से जीवन खत्म नहीं हो जाता	11
स्त्री विमर्श का मूल स्वर	14
स्त्री के आगे चुनौतियाँ	19
यह दाग दाग पुलिस	22
प्रेम का यथार्थ पथ	24
शादी के पहले के काम	27
गहरी चिन्ता से निकली बातें	30
जीवनसाथी की जान से खेलता युवा	32
भविष्य का नारी विमर्श	35
लोकार्पण का लटका-झटका	38
चुम्बन-चर्चा	40
देवदास नहीं पारो	43
पुरस्कारों के पीछे क्या है	47
परिवार का बहिष्कार क्यों	50
परम्परा का कृष्णपक्ष	53
महिलाओं को आत्मनिर्भर होना ही होगा	56
समर शेष है	59
हक माँगने में हिस्से आयी हिंसा	63
नायक तो अभी आयेगा	66
बेटियाँ होती हैं गमों की पेटियाँ	70
स्वच्छता के प्रति जगाएँ चेतना	73
फूलन	76
महिलाएँ रचेंगी नया इतिहास	80
दुखड़ा नहीं रोयेंगी	83

चाकर नहीं हैं वे 86
वे तो ठहरे परदेसी 89
अब तक क्या किया 93
स्त्री के साथ सलूक 95
लिंग संवेदनशीलता के सन्दर्भ में सामुदायिक गतिशीलता 100
यह तो केवल छलना है 104

स्त्री विमर्श और लेखन

ज़ाहिर सी बात है नारी विमर्श का तअल्लुक नारों से नहीं है। संसार में जब से स्त्री के जीवन और संघर्ष पर विचार आरम्भ हुआ, तब से नारी विमर्श का आरम्भ हुआ। यह विषय गहरी सामाजिकता से जुड़ा हुआ है इसीलिए समाज के पुरुष तत्त्व को इससे बाहर नहीं धकेला जा सकता। दोनों के बीच समानता हो, यही मानव-विकास की सही पहचान है।

दोनों की समस्याएँ, संघर्ष और स्वप्न एक से होते हैं, दोनों समाज की विसंगतियाँ व्यक्त करने का प्रयत्न करते हैं। हाँ अभिव्यक्ति का तेवर हर रचनाकार का अपना होता है। स्त्री लेखक अपनी भावनाएँ, ऊर्जा और अग्रगामिता व्यक्त करने के लिए जैसे विषय-प्रसंग उठाती हैं, हो सकता है पुरुष लेखक वैसे न उठायें। लिखने का तरीका अलग हो सकता है किन्तु मन्तव्य और गन्तव्य तो एक ही है। लेखन का रास्ता बड़ा लम्बा और श्रमसाध्य है। इसमें नारी-शक्ति का कृत्रिम प्रदर्शन, साहित्य की विश्वसनीयता कम कर बैठेगा खासकर वर्तमान समय में जब स्त्री के प्रति हिंसा पहले से बहुत अधिक बढ़ी है। केवल नारी-विजय की बातें करना अपने को हास्यास्पद बनाना होगा। जीवन की रणभूमि में स्त्री और पुरुष दोनों अपने कुल वेग और आवेग से लगे हैं; कभी वे विजयी होते हैं, कभी हारते हैं। यही बात साहित्य-सृजन पर लागू होती है।

रचना-कर्म में 'आत्म' और 'पर' कभी भिन्न तो कभी अभिन्न स्थिति में होते हैं। लेखन का सूत्रपात उन सवालों के जवाब ढूँढ़ने से होता है जो अपनी स्थिति को लेकर पैदा होते हैं। पर स्थितियाँ एकांगी कहाँ होती हैं। जन्म से मृत्यु तक समाज हमसे नाभि-नाल सा चिपका रहता है। स्त्री के साथ तो सामान्य से कुछ अधिक। समाज, कभी रीढ़ बनकर तो कभी रूढ़ि बनकर स्त्री की चाल-ढाल, सोच-विचार, हर गतिविधि चालित करना चाहता

है। ऐसे में महिला-लेखक अपने रचना-कर्म का प्रारम्भ अगर स्त्री-कोण से करती है तो इसमें कुछ भी पारम्परिक नहीं है। सोमवार से रविवार तक के लिए लड़की के हाथ में एक टाइमटेबिल पकड़ा दिया जाता है, 'यह है तुम्हारी दिनचर्या और यह है तुम्हारा चौखटा। इसमें चैन से चलो फिरो पर इसे लाँघो मत।' लिखने की प्रारम्भिक कोशिशें लगातार चौखटों से टकराने की प्रक्रिया हैं अथवा वे प्रचलित मान्यताओं के विरुद्ध प्रतिक्रिया हैं। प्रक्रिया और प्रतिक्रिया कभी मन्द कभी तेज हो सकती हैं। जैसा मैंने शुरू की अपनी कविताओं में लिखा:

'सपने देखने वाली आँख
अन्धी हो गयी।
हमें एक संग्रहालय खोलना चाहिए
सन् अमुक से अमुक तक
सपनीली आँखें ऐसी हुआ करती थीं।'

एक अन्य कविता इस तरह थी, जिसे प्रतिक्रिया कह सकते हैं:

'प्यार शब्द घिसते-घिसते चपटा हो गया है
अब
हमारी समझ में सहवास आता है।'

आप जान सकते हैं कि क्रान्तिधर्मी, संघर्षधर्मी, युवा स्त्री सातवें दशक में जन्म ले चुकी थी लेकिन नवें दशक में कहानी के सिद्ध-सम्प्रदाय ने नारी-चेतना और स्त्री विमर्श का ऐसा लाठी-पटक हल्ला बोल दिया कि यह एक सीमित इतिहास-भूगोल वाला पश्चिम-पलट इश्यू बन गया। सिद्ध-सम्प्रदाय के नेतृत्व से स्त्री विमर्श में धार तो आयी पर विचारधारा की हानि हुई। बहुत जल्द इसका एक कैप्स्यूल निर्मित हो गया जिसके अन्तर्गत बहुत सा महिला-लेखन हुआ।

मैंने कभी इसकी चिन्ता नहीं की कि मुझे नारीवादी माना जाता है या नहीं। मुझे नारी के नाम पर मिलने वाली छूट का लाभ बिल्कुल पसन्द नहीं। कृष्णा सोबती, मन्नू भण्डारी, उषा प्रियंवदा की रचनाओं से मुझे ऊर्जा मिलती है तो इसलिए कि वे अच्छी रचनाकार हैं, इसलिए नहीं कि वे अच्छी स्त्री-कथाकार हैं। सृजन के संसार में आरक्षण की माँग बिल्कुल नहीं चलती। किन्तु स्वयं को, समाज को और समस्त जीवन-संघर्ष को देखने वाली आँख जरूर अलग होती है।

स्त्री और पुरुष मिलकर परिवार बनाते हैं। इस परिवार में कुछ अन्य छोटे, बड़े, बूढ़े सदस्य भी शामिल होते हैं। एक घटना, स्थिति या

सम्भावना को हर सदस्य अपनी तरह से देखता है। प्रायः ऐसे समय स्त्री की राय को उतना निर्णायक नहीं माना जाता जितना पुरुष की अथवा किसी बुजुर्ग की राय को। प्राचीन परम्पराओं का लकड़बोझ अलग जीवन जटिल बनाये देता हैं। ऐसे में घर की स्त्री बहिर्जगत के प्रश्नों को यदि अन्तर्जगत में ले जाती है तो कोई आश्चर्य नहीं। अपने अचूक कौशल से स्त्री सीख जाती है कि चुनौती और संघर्ष, सोच और विचार, प्रतीति और अभिव्यक्ति के लिए उसे जो भी स्पेस या गुंजाइश चाहिए, वह उसे व्यवहार और यथार्थ में नहीं वरन् रचनात्मक जगत में अपने आपको समाहित कर, मिलेगी। यही कारण है कि नारी विमर्श बनाम की चेतना पर खड़ा दिखाई देता है। पुरुष समाज के साथ स्त्री के सम और विषम सम्बन्ध नारीवादी साहित्य की केन्द्रीय विषयवस्तु रहे हैं। लेकिन इतनी बड़ी कायनात में हजार उलझनें हैं, सैकड़ों सवाल हैं और दर्जनों दिक्कतें हैं। बहुत सी बनाम-चेतना प्रकृति और परिस्थिति पर निर्भर है। लेकिन सुविधा के लिहाज से सब स्त्री बनाम पुरुष के खाते में दर्ज हो जाती है। मुझे लगता है, 'स्त्री और पुरुष दोनों के लिए दुखदायी है राशन की कतार और दफ्तर की भाग दौड़, दोनों के लिए एक सा सवाल है, महीने के अन्त में पैसे खत्म हो जाना; दोनों को सताती है अन्धी धार्मिकता और सँकरी साम्प्रदायिकता, दोनों पढ़ते हैं एक ही अखबार, हाँ यह सच है कि हर समाचार पर उनकी प्रतिक्रिया मौलिक और अलग है। साहित्य में स्त्री के पास लिखने की स्वतन्त्रता अवश्य होनी चाहिए। विषय, भाषा और शैली किसी भी स्तर पर उसकी अभिव्यक्ति पर ताले नहीं जड़े जाने चाहिए। राजेन्द्र यादव जी ने अपनी सम्पादकीय स्थापनाओं से यही प्रयत्न किया था जो थोड़ा बहक कर व्यावसायिक नुस्खे में तबदील हो गया। स्त्री की स्वाधीनता को केवल देह स्वाधीनता तक सीमित कर, उनके समर्थक विमर्शकारों ने इस अभियान को एक सँकरी गली में पहुँचा दिया।

स्वतन्त्रता शब्द का परिसर इतना विस्तृत है कि इसका दूसरा छोर अराजकता और उच्छृंखलता से मिलता है। इस शब्द में यह भाव भी निहित है कि नारी किसी के अधीन रही है और उससे मुक्ति की कामना करती है। जबकि आप पायेंगी कि ऊपरी व्यवहार में वह लाख आज्ञापालन करे, उसका अन्तर्मन लगातार पारम्परिक चौखटे तोड़ता चलता है। लेखिकाओं की बढ़ती तादाद इसका प्रमाण है।

स्वतन्त्रता की सीमा-रेखा का नाम है सुबुद्धि। यही सीमा किसी और ने तय की तो स्वाधीनता की अवधारणा नष्ट हो जायेगी। स्त्री अपने मन

से ज़िये, सोचे, लिखे, बोले। परिवेश के प्राणी उसे सेंसर की निगाहों से न देखें और उस पर सन्देह कर उसका आचरण कुंठित न करें यही स्त्री की स्वाधीनता है।

रचनाकार को लिखते समय अपनी शिकवा-शिकायत से ज्यादा बड़े सवाल उठाने चाहिए जिनका वैश्विक सन्दर्भ हो। यह भी जरूरी है कि विमर्श व विचार रचना में केवल रचनात्मक रूप से समाहित हों, अलग से न चिपकाये जायँ। इतना कौशल तो सर्जक से अपेक्षित ही है। रचना की पठनीयता की कीमत पर विमर्श का वर्चस्व नहीं हो तो अच्छा है। कहानी से कहन निकालना, बतरस हटाना उसे छूछा बना डालता है।

आज का समय स्त्री के लिए कई नयी चुनौतियाँ लेकर आया है। ऐसा लगता है वर्तमान समय प्रागैतिहासिक काल से भी ज्यादा पिछड़ा हुआ तथा स्त्री के प्रति आक्रामक है। आधुनिक तालिबान हमारे आचरण, विचरण, वस्त्र विन्यास और प्रसाधन के नियम गढ़ रहे हैं। इन्हें हमारी आज़ादी से भय लग रहा है। उन्हें हमारे अस्तित्व, व्यक्तित्त्व और विकास पर सन्देह है। वे कन्या भ्रूण के प्रति हिंसक और आक्रामक रहकर स्त्री जाति का अस्तित्व ही नकारना चाहते हैं। मन होता है उन्हें 1931 में लिखा महादेवी वर्मा का यह उद्धरण पढ़ा दिया जाय, 'हमें न किसी पर जय चाहिए न किसी से पराजय, न किसी पर प्रभुता चाहिए न किसी का प्रभुत्व; केवल अपना वह स्थान चाहिए, वह स्वत्व चाहिए जिसके बिना हम समाज का उपयोगी अंग नहीं बन सकेंगी।'

बलात्कार से जीवन खत्म नहीं हो जाता

लीजिए, मुम्बई के लोअर परेल का शक्तिमिल परिसर जैसे खँडहर न हुआ, रैमसे बन्धुओं की फिल्म का कोई सेट हो गया। जो वहाँ गया वही लुटा या पिटा। यहाँ तक कि उसकी छानबीन करने जो छायाचित्र पत्रकार गयी उसे भी यौन हिंसा का शिकार बनना पड़ा। वह 16 दिसम्बर सन् 2012 की पीड़िता से ज़्यादा बहादुर निकली जिसने अस्पताल के बिस्तर से कहा, 'बलात्कार से जीवन खत्म नहीं हो जाता। मैं स्वस्थ होने पर वापस काम पर जाऊँगी।'

शाबाश मेरी अनाम दोस्त, तुमने स्त्री विमर्श की सबसे समर्थ खिड़की खोल दी। बलात्कार के प्रति पुरातन सोच की जकड़बन्दी यह है कि बलात्कार हुआ तो पीड़ित की इज़्ज़त हमेशा के लिए चली गयी। वह लड़की परिवार और समाज में सिर उठा कर जीने के हक से वंचित हो गयी और उसके भविष्य पर धब्बा लग गया। ये सब सामन्ती विचारधारा के तर्क हैं जो पुरुष समाज द्वारा स्त्री को दबा कर रखने के लिए गढ़े गये हैं। आज जब दृश्य मीडिया पर कैमरे से अपना मुँह तौलिये में छुपाते बलात्कारियों को पुलिस की गिरफ्त में दिखाया जाता है, हम जानते हैं कि इज़्ज़त दरअसल इन आदमियों की गयी। इन्हें चेहरा छुपाना पड़ रहा है। एक बार को इन्हें पुलिस को सौंपने से पहले दस मिनट के लिए जनता को सौंप दिया जाय तब इन्हें पता चले कि ऐसे अपराध की कैसी सज़ा होती है। पुलिस द्वारा गिरफ्तारी इनके लिए कवच और कुंडल का काम करती है। मुँह छुपा कर ये महफूज़ हो जाते हैं। इन्हें पता है कम से कम आठ-दस साल मुकदमा चलेगा और अन्ततः ऐसे अपराध से, जिसका साक्षी कोई नहीं था, यह सन्देह का लाभ उठा कर छूट जायेंगे। कानून की जटिल कुटिल धारायें, उपधारायें, चतुर वकीलों की चालाक दलीलें और पीड़ित

पक्ष का मौन सब मिल कर स्त्री के प्रतिपक्ष की भूमिका निभाते हैं। क्या करें लड़कियाँ? क्या काम पर जाना छोड़ दें। क्या स्कूल-कॉलेज पढ़ने न जाएँ? क्या वे छोड़ दें महत्वाकांक्षी होना? अपने मस्तिष्क को सुन्न कर लें। अपराधों की पुनरावृत्ति जैसे एक सीमा रेखा बना रही है 'लड़कियो जल्दी-जल्दी आगे बढ़ोगी तो तुम्हारा यही हश्र होगा।'

'नहीं।'

सबसे तीखे स्वर में कहा गया 'नहीं' इसका जवाब है। जीवन के कुरुक्षेत्र में लड़कियाँ उतरी हैं, शिक्षा और रोज़गार के तीरकमान उनके हाथ में हैं। इस रणक्षेत्र में किसी भी तरह की चुनौती उनके सामने आ सकती है, घात-प्रतिघात, यौन हिंसा, यौन विकृति। पिछली शताब्दियों में केवल अबलायें सताई जाती थीं। इक्कीसवीं शताब्दी में प्रबलायें भी सताई जा रही हैं। ऐसे में लड़कियों को सबसे पहले अपना दृष्टिकोण बदलना चाहिए। जहाँ तक हो सके यौन अपराधी की गिरफ्त से बचें। अगर यौन हिंसा फिर भी घटित हो जाय तो उसे ऐसे लें जैसे कोई अन्य दुर्घटना, जैसे घुटने पर चोट या टखने में मोच। अगर कूपमूंडक परिवार शोर मचाये, 'हाय-हाय तेरी इज़्ज़त लुट गयी' तो पलट कर कहें, 'इज़्ज़त मेरी नहीं, उसकी लुटी जो थोड़ी देर बाद टीवी के पर्दे पर अपने मुँह पर तौलिया लपेटे नज़र आयेगा।' मुझे लगता है अगर यौन हिंसा की यही रफ्तार रही तो एक दिन हमारे समस्त पुरुषों के मुँह पर तौलिया लिपट जायेगा। इनमें परिवार के पिता, चाचा, मामा, मौसा, भाई होंगे, कार्यालय के कर्मचारी, अधिकारी होंगे, विद्यालय के शिक्षक, मैनेजर, विद्यार्थी होंगे और मन्दिर-आश्रमों के दुराशाराम होंगे। इनके अलावा सड़कछाप निठल्ले, विकृत विचार के दबंग तो होंगे ही होंगे। पता नहीं ये तौलिये, अपराधी के घरवाले देते हैं या पुलिसवाले। कम से कम तौलिये तो साफ़ हाने चाहिए या उनका कोई ताल्लुक करतूत के रंग से है?

इस समस्त सप्ताह छोटी बच्चियों के ऊपर यौन हिंसा और दुराचार की खबरें मन मस्तिष्क को खलबलाती रहीं। चार साल, पाँच साल, ढाई साल की बच्चियाँ वहशियों के चंगुल में फँसी और क्षतविक्षत हो कर कभी जीवित तो कभी अर्धमृत तो कभी मृत, बाहर पड़ी मिलीं। इन घटनाओं का बार-बार होना यह संकेत कर रहा है कि आज स्त्री जाति के सामने वही चुनौतियाँ हैं जो पिछली सदियों में रहीं। ये चुनौतियाँ व्यक्तित्व से पूर्व अस्तित्व को ही समाप्त करने का दुःसाहस रखती हैं। अव्वल तो गर्भ में ही कन्या-शिशु का भ्रूणसमापन किया जा रहा था, उसके ऊपर यह

विकृत शैशव-शत्रुता! इतनी हिंसा, यौन उत्पीड़न और असमान संघर्ष के दमघोट अँधेरे में किसी राजनेता के चेहरे पर चिन्ता की हलकी सी भी लकीर नहीं। सब के सब अगले चुनाव को लेकर बौराये हुए हैं। पक्ष अपनी सरकार बचाने में जुटा है तो प्रतिपक्ष उसकी कुर्सी सरकाने में।

स्त्री के अस्तित्व का सवाल छोटा करके देखना या इसे बिल्कुल न देखना एक ऐसा संकट सामने लायेगा कि हमारा समाज लड़की-विहीन ही न हो जाय?

स्त्री विमर्श का मूल स्वर

किसी भी समाज व उसके समय की वास्तविक स्थिति जाननी हो तो उसमें स्त्री की स्थिति पर विचार करना प्रासंगिक होगा। दलित-प्रश्न की तरह ही नारी-प्रश्न आज ज्वलंत विषय है। ये दो दमित वर्ग आज अपने अस्तित्व और अस्मिता पर स्वयं विचार करने के लिए जागे हैं। इनकी समस्त प्रश्नाकुलतायें मनुष्य को और अधिक मनुष्य अर्थात् मानवीय बनाने के प्रयत्न हैं। ऐसी स्थिति में पूर्व में उन पर लिख गये पर अगर उन्हें सन्देह और असन्तोष है, तो उसे सुनना जरूरी है। जब स्त्री को लगा कि उसका अस्तित्व, स्थान, अधिकार और आजादी संकट में है, उसे अपने विचारों को अभिव्यक्ति देनी पड़ी। इसलिए स्त्री विमर्श का मूल स्वर प्रतिरोध का रहा। उसका विचार-लोक स्वाभाविक रूप से विकास नहीं पाता। पहले उसे पारम्परिक पट्टी पर दौड़ाया जाता है। उसे अच्छी-अच्छी किताबें पढ़ने को दी जाती हैं, अच्छे-अच्छे लोकगीत सुनाये जाते हैं। पत्र-पत्रिकायें उसके सामने जीवन की एक चिकनी और चमकदार छवि प्रस्तुत करती हैं।

यकायक वह हड़ताल कर देती है। उसे नहीं दौड़ना, रेल की तरह पटरी पर। स्त्री-लेखन इसीलिए एक विस्फोट की तरह आरम्भ होता है। स्त्री, वर्तमान समय और समाज के साथ अपने सम और विषम सम्बन्धों को समझने की भरपूर कोशिश करती है। लोकसम्मत प्रतीकों को झटक कर अलग करना उसके लिए जरूरी है क्योंकि इन्हीं प्रतीकों की प्रतिष्ठा में स्त्री की न जाने कितनी पीढ़ियाँ होम हुई हैं? गुज़री शती के वर्षों में ये प्रतीक कभी महानता का महावर रच कर तो कभी करुणा का प्रलेप कर समाज के सम्मुख आते रहे हैं। सिर्फ एक उदाहरण काफी होगा। हर नगर, कस्बे में एक मुहल्ला सतीरानी के चबूतरे से सुसज्जित रहता है। इससे जुड़ी कथायें होती हैं जो स्मृति के सहारे मिथक का रूप ले लेती

हैं। ये कथायें आदर्श की तरह प्रस्तुत की जाती हैं। छवि के बने-बनाये चौखटों को तोड़कर बाहर निकलने की छटपटाहट स्त्री के अन्दर युगों से चल रही है। जब नारीवाद नाम का ब्रांड बिकाऊ नहीं बना था तब भी मुक्ति और परिवर्तन की कामना स्त्री की चेतना में गहरे बैठी थी। सामाजिक इतिहास के विद्वान डॉ. बद्रीनारायण ने थेरिगाथा में वर्णित सुमंगल माता की कविता उद्धृत की है—

'एक पूर्ण मुक्तिवादी! मैं कितनी मुक्त,
कितने आश्चर्यजनक रूप से मुक्त
रसोई के खटराग से मुक्त
भूख की छटपटाहट से मुक्त
ठनठनाते खाने के बरतनों से मुक्त
मुक्त उस बेईमान आदमी से।'

थेरिगाथा, सम्भवतः महिलाओं द्वारा रचित सबसे प्राचीन साहित्य है, लगभग पच्चीस सौ वर्ष पुराना। इसमें स्त्रियों की मुक्ति-कामना को तरह-तरह से व्यक्त किया गया है। जो भी बन्धन उसे बाँधता है, उसे वह तोड़ना चाहती है। इस संघर्ष को तिथि वार और वर्ष में नापा नहीं जा सकता। हमने अंग्रेजों से आज़ादी 1947 में हासिल कर ली, लेकिन उन्हीं हथियारों से हम अपनी आज़ादी अभी तक हासिल नहीं कर पाये। सत्याग्रह और सविनय अवज्ञा हमारे हाथों में कभी सत्य के लिए दुराग्रह बनी तो कभी अविनय अवज्ञा। कभी लगा हमारा संघर्ष ऊर्ध्वगामी रहा तो कभी लगा, प्रतिगामी।

पिछले कुछ दशकों में स्त्री विमर्श एक अजीब शक्ल अख़्तियार कर रहा है। खुद स्त्रियों की ही समझ में नहीं आ रहा है कि वे अब तक के अपने पढ़े-लिखे को भूल-भालकर कैसे इस नये ढंग में ढलें। ऐसा लगता है नारी-विमर्श का ठेका उठा लिया गया है। बौद्धिक ठेकेदारी के अन्तर्गत कुछ बुद्धिजीवी तय कर रहे हैं कि स्त्री को क्या सोचना बोलना है, क्या लिखना है, कब चुप लगानी है, कितना विद्रोह करना है, किसका समर्थन करना है। अर्थात् कमान फिर पुरुष के हाथ में चली गयी है। स्त्री की सारी वैचारिक, बौद्धिक सम्पदा का ठेका चन्द सम्पादकों ने उठा रखा है। बोली लग रही है, निविदायें आमंत्रित हैं। इसी के लिए सभाओं-गोष्ठियों में अध्यक्षता है, पुस्तकों के लोकार्पण हैं, सेहरे जैसी समीक्षायें हैं। जो स्त्री-रचनाकार इस बाड़े में, छपास की मारी चली आये उसकी जय, जो

न आये उसे छोड़ दे अपने रूखे-सूखे विचारों में सिर धुनने को। सिरफिरी है। मरने दो उसे फीकी, गुमनाम मृत्यु। ठेकेदार सिर्फ उनकी फिक्र करेगा जिनका उसने ठेका लिया है। इस राजनीति के चलते सारा स्त्री विमर्श आज स्त्री के ही विरुद्ध खड़ा है। मैरी वॉल्स्टन क्राफ्ट, बेटी फ्रेडन, सिमोन द बोवुआ, जर्मेन ग्रियर, क्लारा जेटकिन, सावित्री बाई फुले, पण्डिता रमा बाई जैसी क्रांतिकारी प्रतिभाओं का संघर्ष आज एक आयामी सूत्र से लटका कर स्त्री के हाथ में थमा दिया गया है—तुम्हारी देह तुम्हारी अपनी है, तुम इसका जो चाहे इस्तेमाल करो। यह विमर्श स्त्री-संघर्ष को केवल देहवादी बना रहा है। वर्तमान समय में महिला रचनाकारों से देहवादी रचनायें थोक के भाव लिखवाई जा रही हैं। हालत यह है कि महिला लेखन का देहवादी-विंग आज विचारवादी-विंग को पीट चुका है। रचनायें पढ़ने में आ रही हैं जिनमें लेखिका आइटम डांस की तरह रजाई प्रसंग अथवा विपरीत रति वर्णन अनिवार्य रूप से डाल रही हैं। समय-समाज की विराट समीक्षा, विश्वस्तर के व्यापक विमर्श और सामान्य जीवन का सुर-संगीत साधने की बजाय महिला-लेखन सीमित सरोकारों से उलझता दिखाई देता है। भाव-विशेष पर लिखना हमेशा अपेक्षाकृत सरल होता है, नाप आपके पास है, आपको बस कपड़ा काटकर उसकी सही तुरपाई करनी है। लिखने वाले यह नहीं जानते कि यह तो फिर उन्हीं हाथों में फँसने जैसा है जिनसे छूटने की लड़ाई अब तक लड़ी गयी।

साहित्य का स्पेस आज अन्तर्राष्ट्रीय बल्कि वैश्विक है। ऐसे समय में महिला लेखन में स्त्री-कार्ड खेलना खतरनाक सिद्ध हो सकता है। हम सब साथी सर्जक जो समानता, सुयोग्यता और सम्पूर्ण अभिव्यक्ति के संघर्ष में साधनारत हैं, महिला होने की छूट का लाभ नहीं लेना चाहते। सृजन की स्पर्धा में अचानक स्त्री-कार्ड खेल डालना वैसा ही है जैसे चुनाव के समय जाति-कार्ड खेलना। ज़ाहिर है इन हथकंड़ों का मकसद मासूम नहीं होता। जीवन के जटिल प्रश्नों का अतिसरलीकरण कर उन्हें हास्यास्पद व अप्रासंगिक बनाने का अभियान अन्ततः स्त्री-विमर्श और महिला-लेखन को उसी आदिम सभ्यता में पहुँचा देगा जहाँ सम्बन्ध नर-नारी की बजाय नर-मादा के स्तर पर थे।

एक कॉमरेड का जीवन जीती हुई, नौकरीपेशा, नये ज़माने की स्त्री को, ज़रा सोचें कि सुबह सात बजे से रात दस बजे तक कितनी बार। अपना स्त्री होना याद आता है या सालता है। घर का पुरुष भले ही काउच का कद्दू बना टी.वी. देखता रहे, स्त्री अपनी पूरी शक्ति और

सामर्थ्य गृह-संचालन में लगा देती है। बीच में काम पर भी हो आती है। ज़रूरी मीटिंग, फोन, औपचारिक-अनौपचारिक मुलाकातें, उसकी दिनचर्या के अंग हैं। हर मोर्चे पर वह एक गनर की तरह तैनात रहती है। रात दस बजे के बाद जब प्रियतम उसे मौन मनुहार से देखता है तभी उसे अपना स्त्री होना याद आता है। सारे दिन वह स्त्री होने की सलीब पर नहीं लटकी रहती।

फिर लेखन में ही स्त्री होने की छूट माँगने का कोई औचित्य नहीं बनता। इस्मत चुग़ताई ने जब 'लिहाफ़' कहानी लिखी, समाज की रूढ़िग्रस्त मानसिकता के चौखटे हिल गये। उन पर अश्लीलता का आरोप लगा, मुकदमा चला पर उन्होंने कभी चीख-पुकार नहीं मचाई कि यह एक औरत पर जुल्म किया जा रहा है। कृष्णा सोबती 'यारों के यार' लिखकर नर-नारी के विभाजन को बेमानी सिद्ध कर चुकी हैं। वे एक जगह कहती हैं—'दलित लेखक की तरह ही स्त्री भी अपने अनुभव में सीमित और विशेष प्रकार के स्त्री-संवेदन से ग्रस्त है। लिहाजा उसके लेखन का सांस्कृतिक संसार तथा रचानात्मक प्रस्तुतीकरण साहित्यिक मूल्यों पर हलका बैठता है।' वैचारिक रूप से एकदम सन्तुलित कृष्णा जी स्त्री-कार्ड की ज़रूरत को खारिज करते हुए कहती हैं, 'उत्पीड़न की हाय-तौबा और सुबकने वाली जलवायु का गीला तापमान मुझे रास नहीं आता, वह किसी भी सेहतमंद फेफड़े को अपनी गिरफ्त में ले सकता है। इसे मैंने भरसक अपने से बाहर ही रखा है।'

यह कोई शुद्ध वृद्ध वैचारिकता नहीं, वरन् स्त्री-विमर्श को सकारात्मक मूल्यों से जोड़ने की अपील है। मुख्यधारा में शामिल हुए बिना केवल निजी समस्याओं का अरण्य-रोदन स्त्री विमर्श का लक्ष्य नहीं है। उनके संघर्ष के लिए इतने सारे मुद्दे हैं। समाज, संसद, सत्ता, सम्पत्ति, कानून, धर्म, दर्शन, सब मर्दों के चंगुल में हैं। हमारी कोशिश होनी चाहिये कि राजनीति, अर्थनीति और विधिनीति में हमें निर्णयकारी स्थान और अवसर दिये जायें। इससे समाज में बेहतर सन्तुलन आयेगा और स्त्री-पुरुष सम्बन्ध ज्यादा सशक्त और स्थायी बनेंगे। महिला-लेखन इन क्षेत्रों में पहल कर सकता है। वरिष्ठ और विख्यात आलोचक मैनेजर पाण्डेय ने अपनी पुस्तक 'अनभै साँचा' में नारी चेतना की भारतीय परम्परा पर विचार करते हुए महादेवी वर्मा के सन्दर्भ में लिखा है—'इस सदी के पूर्वार्द्ध में, जब भारत में तो क्या पश्चिम में भी साहित्य की स्वतन्त्र स्त्री दृष्टि पर कोई खास बहस नहीं हो रही थी तब महादेवी वर्मा ने कहा था, 'पुरुष के द्वारा नारी का

चरित्र अधिक आदर्श बन सकता है, परन्तु अधिक सत्य नहीं, विकृति के अधिक निकट पहुँच सकता है परन्तु यथार्थ के अधिक समीप नहीं।'

महादेवी वर्मा के कथन में वे सब आशंकायें बतायी गयी हैं जिनमें से हम भूमण्डलीकरण के इस दौर में गुज़र रहे हैं। स्त्री-श्रम को विश्व-स्तर पर लगातार मामूली सिद्ध किया जा रहा है। हायर एण्ड फायर वाला सिद्धान्त स्त्री-श्रमिकों पर सबसे पहले लागू किया जा रहा है। इस तरह के अस्थायी अर्थोपार्जन से उसकी जीवन-स्थितियाँ भी बद से बदतर हुई हैं। उसकी नौकरी के काल में परिवार को जिन सुविधाओं का अभ्यास पड़ जाता है, उसकी बर्खास्तगी पर वह छूटता नहीं है। विश्व के अनेक भू-भागों में स्त्री आर्थिक मजबूरियों के चलते वेश्यावृत्ति में पहुँच गयी है। पुरुष-समाज ने इसे एक सम्मानित नाम दिया है—सेक्स वर्कर अर्थात् यौनकर्मी। परिवेश और चुनौतियाँ नयी हैं पर दबाव वही पुराने—स्त्री के ऊपर परिवार चलाने का भार और पूँजी के नाम पर इल्लै। समस्त विश्व के इतिहास में घर चलाने जैसे अवैतनिक, अपरिभाषित और जीवन-पर्यन्त अकृतज्ञ इस रोज़गार का किसी गजट में कहीं उल्लेख नहीं है। स्त्री जब अपनी सम्पूर्ण सामर्थ्य गृह संचालन की दिशा में मोड़ देती है तब घर के मुखिया से उसे हिकारत भरा सम्बोधन मिलता है—'खांटी घरेलू औरत'।

अन्ततः यही कह सकते हैं कि स्त्री विमर्श के विचारणीय मुद्दे अनेक और अनन्त हैं। क्या वर्तमान महिला लेखन इन अपेक्षाओं को कमोबेश पूरा करता है। वह कर सकता है बशर्ते वह प्रायोजित देहवाद के दुराग्रह छोड़ दे; बाजार की निविदा पर अपनी रचनाओं की पैकेजिंग बन्द कर दे और पीड़ा को अपना पेशा न बनाये। महिला-लेखन में अपार सम्भावनायें हैं, अनुभव और अभिव्यक्ति में शक्ति और युक्ति के मेल से मुक्ति का नया आलेख तैयार हो सकेगा।

स्त्री विमर्श का मूल स्वर ऐसी ही सम्भावनाओं को सम्बोधित है। यह सर्वोत्तम नहीं, अपितु समकालीन व सुसंगत।

स्त्री के आगे चुनौतियाँ

कभी-कभी मैं सोचती हूँ पिछले सात दशकों में, अर्थात् आज़ादी मिलने के बाद, स्त्री की दशा पहले से सुधरी है या बिगड़ी है।

छह सात दशक पहले का दृश्य कोई अच्छा नहीं था। स्त्रियाँ 'मैं चुप रहूँगी' की मजबूर रणनीति के सहारे अपना जीवन घुटन में काटती थीं। कभी कोई स्त्री अपनी मर्ज़ी या आज़ादी की गुहार लगाती तो सौ-सौ नाम धराती थी। मेरे बचपन की स्मृति है—गर्मी की छुट्टियों में हम मामा के घर मथुरा जाते। वहाँ हमारे मामा की दवाओं की दुकान थी जो अच्छी चलती थी। थे तो वे केमिस्ट लेकिन उन्हें डॉक्टर जैसा यश हासिल था। कई मरीज़ उन्हीं से पूछ कर अपनी बीमारियों की दवा खरीद लेते। इसलिए उन्हें लोग डॉक्टर साब कहने लगे थे। उनके परिवार में सुख-समृद्धि साफ़ दिखाई पड़ती। दोनों मामियाँ सगी बहनों की तरह मिलजुल कर रहतीं।

कभी मामा किसी बात पर बिगड़ जाते तो मामी पर बरस पड़ते। उनके गुस्से का आखिरी गुबार होता यह जमुला, 'तुम क्या जानो मैं कित्ती मेहनत से कमाता हूँ। तुम्हें कुछ नहीं आता सिवाय एक काम के।' मामी इस पर हँस पड़तीं और दोनों में सुलह हो जाती।

एक दिन मैंने पूछा, 'मामी तुम्हें कौन सा एक काम आता है, हमें भी बताओ न।'

मामी हँसीं, फिर बोलीं, 'रोटी बनाना।'

'इसमें हँसने की क्या बात है?' मैंने पूछा।

'जा नीचे जाकर खेल। तुझे कनरस लगा है जो बड़ों के बीच बैठी रहती है।' मामी ने मुझे धकेला।

कई वर्ष बाद तीसरे मामा की शादी हुई। उनकी पत्नी न सिर्फ पढ़ी-लिखी थीं, दबंग भी थीं। पहले दिन से उनका तेवर स्पष्ट पता चला।

उन्होंने किसी को अपने या अपनों पर कोई टिप्पणी नहीं करने दी। तीसरे मामा शिक्षित होते हुए भी उन्हीं पुरुषवादी रूढ़ियों में बड़े हुए थे। सो एक दिन गुस्से में वे अपनी पत्नी से बोल पड़े, 'तुम्हें कुछ भी नहीं आता सिवाय एक काम के।'

तीसरी मामी आगबबूला हो गयीं, 'क्या कहा, ज़रा फिर से तो कहना!', उन्होंने चुनौती दी।

मामा ने चुनौती स्वीकार कर जुमला दोहरा दिया, 'तुम्हें कुछ भी नहीं आता, सिवाय एक काम के।'

मामी ने कहा, 'छिः कौन कहेगा कि आपने डी.फिल. तक की पढ़ाई की है। औरतों के बारे में आप कितने गन्दे तरीके से सोचते हैं। मेरी नहीं आप अपनी बेइज़्ज़ती कर रहे हैं।'

मामा दंग रह गये। उनके दिमाग़ में कभी यह विचार ही नहीं आया कि पत्नी प्रतिरोध भी कर सकती है। वे लज्जित हुए। धीरे-धीरे उनका रवैया बदला।

प्रतिरोध का स्वर जब पहले पहल उठता है, बड़ा अजनबी लगता है, अप्रिय भी पर अगर वह अपनी उपस्थिति दर्ज करवा सके तो आगे का रास्ता आसान हो जाता है।

स्त्रियों के अन्दर अपनी पराधीनता की पहचान सोलहवीं सदी से ही शुरू हो गयी थी जब मीराँबाई ने अपना विद्रोह अपने पदों में दर्ज किया। उसने अपने पदों में विनय और प्रेम के साथ असहमति और अस्वीकार का भी जयघोष किया। जो उसे प्रिय नहीं उसके महल दुमहले भी उसे वरेण्य नहीं। साथ ही जो उसे प्रिय है उसके यहाँ वह चाकरी करने को भी तैयार है। सामन्तवादी जकड़बन्दी का यह खुला विद्रोह स्त्री जागरूकता का ज्वलन्त दस्तावेज है। युग की सीमाओं को धता बताते हुए मीरा ने माना कि वह अपनी लगन और गोपाल मिलन के लिए गली-गली, घुँघरू पहन, नाच भी सकती है। डॉ. विश्वनाथ त्रिपाठी ने मीरा की इस विद्रोहिण ी भूमिका को अपनी पुस्तक 'मीरा का काव्य' में सविस्तार रेखांकित किया है।

जिस देशकाल में मीरा ने अपनी स्वाधीनता की माँग उठाई, वह अभी इतने स्त्री स्वातन्त्र्य का हिमायती नहीं था। यह हिम्मत तो 19वीं शताब्दी तक भी नहीं आ पायी जब पंजाब की 'एक अज्ञात हिन्दू औरत' की लिखी हुई 'सीमान्तनी उपदेश' पुस्तक प्रकाशित हुई। तीन सौ वर्षों के अन्तराल पर खड़ी ये दो पुस्तकें जैसे मुनादी करती हैं 'तुम मुझे आज़ादी

दो।' मीरा के पद एक सुहागन का विद्रोह बताते हैं तो 'सीमांतनी उपदेश' एक विधवा का। 'सीमान्तनी उपदेश' की कई बातें सीधे अम्बेडकर के सिद्धान्तों से जा जुड़ती हैं। समानता की पुकार एक जायज़ पुकार है।

ब्राह्मणों ने पतिव्रत धर्म के लिए स्त्रियों के चार वर्ग बनाये थे—उत्तम, मध्यम, कनिष्ठ और निम्न। उत्तम वह जो अपने पति के सिवा और किसी को पैदा हुआ भी न माने; मध्यम वह जो पति के अलावा संसार के अन्य पुरुषों को पिता और भाई माने; कनिष्ठ वह जो धर्म के डर से परपुरुष के पास न फटके और निम्न वह जो अवसर के अभाव में पतिव्रता बनी रहे। सीमान्तनी की रचनाकार कहती हैं, 'इसमें पाँचवाँ वर्ग अपनी तरफ से और आजकल की स्त्रियों की दशा देख कर लिखती हूँ—यानी जबरदस्ती धर्म का पालन कराना, घर में बन्द रखना, बाहर न जाने देना, इसी का नाम लोगों ने धर्म रखा है।'

आज के दशक में स्त्री की स्थिति बदली है। उसे बेहतर आज़ादी मिली है। इससे उसके जीवन में अवसर बढ़े हैं तो जोखिम भी। सखियो, सँभल सँभल पग रखना।

यह दाग दाग पुलिस

एक बार फिर दिल्ली दाग दाग हुई। अपनी दिल्ली जो 11 अप्रैल से झूम-झूम कर नवरात्र मना रही थी, घंटे मजीरे बजा कर देवी के गीत गा रही थी, उन बच्चियों के प्रति एकदम अमानवीय थी जो इसी देवी का प्रतिरूप हैं। नवरात्र स्त्री शक्ति का उत्सव है। कुमारी की कल्याणकारी शक्तियों का आह्वान नवरात्र का मूल आधार है। धार्मिक आयोजन और उत्सवों का पाखण्ड यहाँ आकर खण्ड खण्ड हो जाता है कि ठीक उन्हीं दिनों पाँच साल की मासूम बच्ची एक वहशी युवक की यौन विकृतियों का शिकार बनती है। एक तरफ़ कन्या शिशुओं को बुलाकर हम उनके पाँव पूजते हैं, सप्रेम उन्हें जिमाते हैं दूसरी तरफ हम उनकी कोई रक्षा नहीं कर पाते।

हादसे के बाद पुलिस तस्वीर में आती है। उससे मदद की गुहार लगाई जाती है। पुलिस ज़रा ऊँचा सुनती है। देर से सुनती है। 'आपकी सेवा में सदैव' केवल पुलिस वाहनों पर लिखा जाने योग्य स्लोगन है। पीड़ित बच्ची के निरीह माँ-बाप बार-बार थाने पर इंसाफ की आवाज़ उठाते हैं। रिश्वत की अभ्यस्त पुलिस उन्हें रिश्वत से ही चुप रहने की पहल करती है।

ऐसा पहली बार नहीं हो रहा है कि पीड़क तक पहुँचने की बजाय पुलिस पीड़ित को ही समझा रही है कि चुप रहो, जो हो गया सो हो गया। अपनी जड़ता, मूढ़ता और हृदयहीनता से पुलिस पीड़िता के प्रति तो अन्याय कर ही रही है, एक तरह से बलात्कारी को और दूर भाग जाने का अभयदान दे रही है। बिल्कुल भारतेन्दु हरिश्चन्द्र के नाटक 'अन्धेर नगरी' का वातावरण निर्मित कर रही है पुलिस। उसे फन्दे के नाप की गर्दन चाहिए, गर्दन किसी की भी हो, अपराधी की, निरपराधी की या

अनजाने की।

आप कह सकते हैं कि पुलिस ने लद्धड़पना इसलिए दिखाया क्योंकि पीड़ित बच्ची के माँ-बाप गरीब और लाचार थे। पुलिस की हथेली गर्म करने की उनकी सामर्थ्य नहीं थी। नहीं पुलिस का यह सामान्य स्वभाव बन गया है कि चुस्ती से सुस्ती भली। यह मेरा अपना अनुभव है कि जब जब मुझे जीवन में पुलिस की मदद की ज़रूरत पड़ी, पुलिस मेरे कुछ काम न आयी।

पहली घटना कॉलेज की प्रिंसिपली के दिनों की है। कॉलेज कार्यालय में एक लड़का मेरी ही मेज़ से उठा कर पेपरवेट से मेरा सिर फोड़ गया। मेरा पागलपन यह कि बजाय डॉक्टर को फोन करने के मैं पुलिस थाने को फोन मिलाती रही। पुलिस चौकी कॉलेज के बगल में थी। एक हाथ से, अपने सिर से निकलता खून का फौव्वारा रोकती मैं तब तक फोन मिलाती रही जब तक पुलिस चौकी ने अपने फोन का चोगा उठाकर अलग नहीं रख दिया। बाद में कॉलेज के कर्मचारी पुलिस चौकी पर हाथ-पैर जोड़ कर एक सब-इंस्पेक्टर को मौका वारदात पर लाये। लड़का अपनी डायरी मेज़ पर छोड़ गया था जिसमें उसका नाम, पता, फोन नम्बर, सब दर्ज था। मेरी हालत देख कर सब-इंस्पेक्टर ने कहा, 'बहन जी, आपके खून की कसम, चौबीस घंटों में इस लड़के को आपके सामने हाज़िर कर दूँगा, आखिर जायेगा कहाँ?' मेरे सिर के गहरे घाव में टाँके लगने थे। सरकारी अस्पताल के डॉक्टर ने साफ़ इनकार कर दिया, 'पहले प्रथम सूचना रपट की कॉपी लाइये, तब तक हम डेटॉल भी नहीं लगायेंगे।' पुलिस का कहना था प्रथम सूचना रिपोर्ट अगले दिन मिलेगी। अन्ततः एक प्राइवेट अस्पताल से सिर में 26 टाँके लगवाकर जब रात 12 बजे मैं घर लौटी, मुझे पुलिस की अहर्निश सेवा का काफी आस्वाद मिल चुका था। बाद के दिनों में मुझे खबर मिलती रही कि लड़का युनिवर्सिटी के साइकिल स्टैंड पर बेखौफ घूम रहा है, सिविल लाइन्स में आइसक्रीम खा रहा है, पान की दुकान पर क्रिकेट मैच देख रहा है। पुलिस नाकाम दौड़ती रही—कहाँ है, कहाँ है यहाँ तो नहीं है।

प्रेम का यथार्थ पक्ष

मेरी वह गोल-मटोल युवा सहेली उस दिन पैर पटकती आयी और धम् से सोफे पर बैठकर बोली, 'दीदी आप उस बेवकूफ को समझाओ न। हर महीने कोई न कोई बहाना बनाकर शादी का इरादा टाल रहा है।'

पिछले तीन साल से सुयश और महिमा साथ-साथ रह रहे हैं। घरवालों को भनक नहीं है इस बात की। जब भी सुयश से हम पूछते हैं कि शादी कब कर रहे हो वह कहता है, 'बस अगले महीने।' वह मुबारक महीना आ ही नहीं रहा।

सहेलियों ने समझाया महिमा को, 'तू उससे अलग रहना शुरू कर दे। बच्चू को हफ्ते भर में होश आ जायेगा।'

लेकिन महिमा यह जोखम नहीं उठाना चाहती। बस भुनभुन करती रहेगी। जैसे खेल में आप आउट नहीं होना चाहते वैसे ही प्रेम में भी आप आउट नहीं होना चाहते। मैच ड्रॉ रहे तो ग़नीमत। हारें नहीं। टॉस हम जीतें। प्यार जिससे होता है, हमारी नज़र में वह खुदा होता है। शेष समाज के लिए वह अपात्र, कुपात्र, गबदू और गावदी। कई दोस्त सुयश से कहते हैं, 'इस मुटल्ली महबूबा में तुझे क्या दिखता है जो फ़िदा है?' सुयश कहता है, 'मुझे उसका मुटल्लापन भी प्यारा लगता है।' महिमा से हम लोग कहतीं हैं, 'तुम्हारा सुयश जैसे ताड़ खजूर। आधे समय तो वह नौकरी ढूँढ़ता रहता है, आधे समय नौकरी छोड़ता। कहाँ से ढूँढ़ा ऐसा सूखा सड़ा आशिक?'

महिमा हमारा मुँह बन्द कर देती, 'हाय दीदी कोई पत्थर से न मारे मेरे दीवाने को।'

यही सच है। प्रेम में पड़ कर अपना प्रेमी सर्वोत्तम लगता है। दुनिया को दिखें उसके टेढ़ेमेढ़े दाँत, हमें तो वह अनार की कतार लगते हैं। समाज

उसे समझे बेरोज़गार। हमारे लिए तो वह बारोज़गार है।

समुद्र के किनारे बेहद अँधेरी, अकेली चट्टान के पीछे जो जोड़ा बैठा है, दुनिया की नज़रों में मौन पर अपने हिसाब से बेहद मुखर है। इन्हें एक दूसरे के दिल की आवाज़ सुनाई दे रही है। ये दोनों चाहे किसी जाति, प्रदेश, भाषा के हों इनके दिल-दिमाग सिर्फ एक जुबान जानते, बोलते, सुनते हैं, प्यार की जुबान। क्या कहा—शादी। शादी में कुछ दिक्कतें हैं जिनको पार करने के बाद ही शादी हो सकती है। ये आजकल तूफानी मुहब्बत के दौर से गुजर रहे हैं। जैसे-जैसे दिक्कतें बढ़ रही हैं, मुहब्बत भी बढ़ रही है। घरवालों से झूठ बोल कर, कॉलेज से क्लास कट कर, दफ्तर से सी.एल. ले कर ये यहाँ पहुँचे हैं। इन्हें पाँव के पास टूटती, बिखरती लहरें, घिरते काले कजरारे बादल, मिनट मिनट पर चमकती बिजली कुछ नहीं दीखता। इस वक्त अगर इनके सामने खुदा आ जाय और पूछे, 'ऐ आशिक बात तेरी रज़ा क्या है?' ये दोनों एक साथ घुटनों के बल बैठ कर कहेंगे, 'या खुदा, इसी जगह, इसी वक्त, एक काज़ी भेज दे, हम निकाह पढ़ा लें। इस भरी पूरी दुनिया में हमें और कुछ नहीं चाहिए सिवाय एक-दूसरे के। इसी चट्टान का सिरहाना बना कर यहीं सो जायेंगे हम दोनों।'

मुहब्बत का आगाज़ कितना बेमिसाल होता है। असली दिक्कत अगली सुबह पैदा होती है, जब वह तूफानी आशिक, खाविन्द की शक्ल में गुसलखाने से चिल्लाता है, 'मेरी बनियान कहाँ रखी है तुमने? मेरी कमीज़ जल्दी से प्रेस कर दो—यह ऑमलेट बनाया है या अंडे की लाश?'

बेचारी माशूका, बीवी बनी प्याज़ काटने के चक्कर में आँसू बहा रही है, तरकारी खरीदने के लिए कतार में लग रही है, गैस के लिए दौड़धूप कर रही है। पता नहीं लैला, अपने मजनू को क्या कुछ पका कर खिलाती होगी जो वह मरते दम तक उसी का दम भरता रहा। आज का दौर तो ऐसा है कि शयनकक्ष का मजनूं भोजनकक्ष तक आते-आते बाक़ायदा दारोगा की तरह डपटने लगता है।

दरअसल प्यार वह स्थिति है जिसमें एक ही तापमान पर जीना मुश्किल, बल्कि नामुमकिन होता है। ज़िन्दगी के दबाव ज़िन्दगी को ही कुचल डालते हैं। जो हम प्यार में थे, हम शादी में नहीं होंगे। मजनूं दफ्तर नहीं जायेगा तो लैला चूल्हा कैसे जलायेगी? जहाँ लैला को भी दफ्तर जाना हो वहाँ मुश्किल थोड़ी और बढ़ जाती है। ऐसे में अगर कल के आशिक माशूक ज़रा जल्दी होश में आ जायँ तो उनका क्या क़सूर। शेक्सपियर

तो तकरीबन पाँच सौ साल पहले कह गये कि 'मैन आर एप्रिल वेन दे वू, डिसेम्बर वेन दे वैड। (मुहब्बत के वक्त मर्द अप्रेल महीने की तरह तपता हुआ होता है और शादी के बाद दिसम्बर की तरह सर्द)। उर्दू के एक मशहूर नाटक में इस हकीकत को कुछ इस तरह दिखाया गया कि लैला से गीले कोयलों की अँगीठी नहीं सुलग रही और हीर अपने रांझा से रो रोकर कह रही है, 'रांझा मैनू भुक्ख लगी है, मैं की करां?' शायद असलियत के इन्हीं हादसों को देख कर अज़ीम शायर फ़ैज़ की कलम से यह सदाबहार नगमा निकला होगा, 'मुझसे पहली सी मुहब्बत मेरे महबूब न माँग।'

प्रेम की राह कभी आसान नहीं थी। सहजीवन ने इसे और मुश्किल बनाया है। सुयश और महिमा का प्रेम, विवाह की वेदी चढ़ गया तो खैर वरना दोनों को यह चोट भुलाने में बरसों लग जायेंगे। अगला प्रेम हो न हो, दोनों इस इलाके में फूँक-फूँक कर कदम रखेंगे। बहरहाल हम दोस्तों की कोशिश है कि उनकी शादी जल्द हो जाय।

शादी के पहले के काम

हॉलिवुड की मशहूर फिल्मी जोड़ी ब्रैड पिट और एन्जेलिना जोली अन्ततः ब्याह रचाने जा रहे हैं। 49 वर्षीय ब्रैड पिट अब तक 40 फिल्मों में काम कर नाम कमा चुके हैं। 38 साल की जोली ने लगभग 30 फिल्में की हैं। उनके परिवार में तीन अपने और तीन गोद लिये बच्चे हैं। सन् 2005 से साथ रह रहे इस जोड़े ने कई बार शादी का इरादा बनाया और मुल्तवी किया। दोनों पूर्व विवाहित हैं और तलाक का तनाव पहचानते हैं। इस बार वे कोई जोखिम नहीं उठाना चाहते।

ब्रैड पिट ने अपने कानूनी सलाहकार से 101 पृष्ठों का एक करारनामा बनवाया है कि अगर भविष्य में वे अलग होते हैं तो उनकी सम्पत्ति और सन्तानों का बँटवारा कैसे हो। जोली को इस अनुबन्ध से थोड़ी तकलीफ़ हो रही है लेकिन ब्रैड पिट ने उसे समझाया कि उन दोनों की और बच्चों की भलाई ही इसका मकसद है। दोनों कलाकारों के पास अरबों रुपयों की सम्पत्ति है, अनेक देशों में आलीशान मकान हैं, चैरिटी ट्रस्ट हैं। सम्पत्ति और साझेदारी, ज़िम्मा और जिम्मेदारी को लेकर बाद में कोई चखचख हो इससे बचने के लिए ब्रैड पिट ने एक समझदारी भरा कदम उठाया है।

सवाल यह उठता है कि प्रत्येक विवाह के पूर्व ऐसा अनबन्ध बनाने की पेशकश क्यों न की जाय। ठीक है, हम हिन्दुस्तानी जोड़ियों के पास सम्पत्ति सीमित है पर ज़िम्मेदारियाँ असीमित। अक्सर यह होता है कि शादी तक तो लड़की को सब कुछ गुलाबी दिखाया जाता है और शादी होते ही उसके सिर के ऊपर कर्तव्यों का गट्ठर लाद दिया जाता है। लड़की ठगी सी रह जाती है कि यह सब उसकी कार्यसूची के अंग हैं कि सुबह उठ कर सबके पाँव छुए, चाय बनाये, टिफिन तैयार करे, वॉशिंग मशीन में घर भर के कपड़े धोये, काम पर निकलने से पहले सास-ससुर और देवर का

खाना तैयार करे और शाम को दफ्तर से भागी-भागी आकर पुनः इन्हीं कामों में लग जाय। ऊपर से ससुराली निगाहों का सीसीटीवी. हर वक्त अपनी हर गतिविधि पर झेले। रात दस बजे के बाद शयनकक्ष में आनन्द और आराम के क्षणों में पति-पत्नी दोनों को उलझन हो कि क्या जीवन की इसी शक्ल के लिए उन्होंने इतने तामझाम, बैंडबाजे बारात के बीच एक दूसरे को जीवन साथी मानना कबूल किया था।

दिक्कत यह है कि हमारे यहाँ विवाह के समस्त मंत्र, विधि-विधान संस्कृत अर्थात् देववाणी में हैं। ज़रूरी नहीं कि हर भारतीय को संस्कृत का ज्ञान हो। वर-वधू को पता ही नहीं चलता उनसे कौन से वचन लिवाये और दिवाये जा रहे हैं। ऊपर से विवाह संस्कार करवा रहे पंडितजी को एक दिन में कई विवाह करवाने होते हैं। वे संस्कृत को फारसी की तरह अगड़म-बगड़म बोल कर विवाह सम्पन्न करवाते हैं, वर-वधू को बस एक ही शब्द समझ आता है 'स्वाहा'। परम्परागत ज्ञान और व्यवहार उन्हें सिखाता है कि जब पंडितजी कहें स्वाहा तो हवनकुंड में घृत-समिधा डालो। कितना अच्छा हो यदि पंडित संस्कृत के साथ-साथ हिन्दी में भी अथवा वर-वधू की भाषा में मंत्रों की व्याख्या अथवा अनुवाद भी बताता चले। जीवन की इतनी बड़ी भूमिका में हम सब बिना समझे बूझे कूद जाते हैं और हर चुनौती निभाते हुए सोचते हैं यह सब विवाह की अनिवार्य शर्तें हैं।

इधर लड़कियों ने कुछ सचेत होना आरम्भ किया है। शिक्षा के साथ थोड़ी निर्भयता और आत्मविश्वास भी आया है। शहरों में लड़कियाँ, विवाह के प्रस्ताव में सिर्फ लड़के की योग्यता नहीं, उसके परिवार के रहन-सहन और स्वभाव की भी जानकारी चाहती हैं। कई कामकाजी लड़कियाँ विवाह से घबराने लगी हैं क्योंकि उन्हें लगता है दफ्तर की नौकरी तो सिर्फ आठ घण्टे की है किन्तु घर की चाकरी के लिए चौबीस घण्टे भी कम हैं। मीना को बोलने का मौका दिये बगैर उसके भाई-भाभी ने उसकी शादी तय कर दी। पतिगृह में मीना ने पाया, उसकी दिनचर्या जानलेवा है। एक दिन वह शाम को दफ्तर से निकली और अपने भाई-भाभी के घर आ गयी।

उसने फोन पर अपने पति से कहा, 'ऐसे वातावरण में मैं खुश नहीं हूँ।' पति झल्लाया, 'आखिर तुम चाहती क्या हो, क्या मैं अपने माँ-बाप को छोड़ दूँ!' मीना ने कहा, 'मैंने यह कब कहा!'

सप्ताह भर शीतयुद्ध की स्थिति रही।

अन्ततः युवा पति मीना से समझौता वार्ता करने उसके घर पहुँचा।

दोनों ने एक कैफे में बैठ कर बातें कीं। मीना ने स्पष्ट किया–'आपके घरवालों से मेरी कोई दुश्मनी नहीं पर इतने घरेलू काम का बोझ मैं कैसे उठाऊँ। रात सोने में रोज़ देर हो जाती है, सुबह सबसे पहले मैं उठती हूँ। घर के लोग दुपहर में सो कर फ्रेश हो जाते हैं जबकि मैं आठ घण्टे दफ्तर में काम करके घर आती हूँ। मेरे लिए शाम का काम पड़ा होता है। ऊपर से माँ मुझसे जी हुज़ूरी भी चाहती हैं। आप मुझे घर में डाल कर ऐसे निश्चिन्त हो गये हैं कि मेरी तकलीफ़ भी नहीं दिखती आपको।'

पति तिलमिला गया। उसने तर्क किये, कुतर्क किये, तर्केताल्लुकात की धमकी दी।

अन्दर से मीना हिल गयी लेकिन ऊपर से प्रबला बनी रही। उसे पता था, आज मोर्चा छोड़ दिया तो वापस कुएँ में कूदना होगा। दो-चार साल असफल मुलाकातों के बाद उन्होंने आपस में तय किया :

– दोनों में से कोई एक-दूसरे के अभिभावकों पर टीका टिप्पणी नहीं करेगा।
– घर में रखे जाने वाले सेवकों की तनख़्वाह मीना चुकाया करेगी।
– वह सिर के ऊपर पल्ला रखना, पैर छूकर प्रणाम करना जैसी बातें अपनी सुविधा से तय करेगी।
– शाम को जब सब बैठकर टीवी देखेंगे, मीना भी टीवी देखेगी।
– छुट्टी के दिन उसे आराम करने की आज़ादी होगी।
– किसी को उस पर हुक्म चलाने का हक नहीं होगा।

मीना वापस अपने घर आ गयी। सहेलियों ने उसकी प्रबलता की तारीफ़ की। कितना अच्छा होता अगर ये सब शर्तें शादी से पहले तय कर ली जातीं।

गहरी चिन्ता से निकली बातें

कुछ तारीखें दुःस्वप्न की तरह पीछा करती हैं। 26/11 और 6/12 को तो हम भुला नहीं पाये थे कि 16/12 घटित हो गयी। हैरानी की बात है कि सरकार लाख प्रयत्न कर बलात्कार विरोधी विधेयक को हरी झंडी दिखा दे, 16/12 रोज अपने को दोहरा रही है। डर यही है कि दहेज-प्रताड़ना और भ्रूण हत्या की खबरों की तरह ही स्त्री के विरूद्ध यौन अपराध की घटनाएँ भी कहीं अपना दंश न खो दें।

क्या इक्कीसवीं सदी का दूसरा दशक इसी से अपनी पहचान बनाएगा कि यौन हिंसा होती रहे, उसकी छिटपुट खबरें अखबार के एक हाशिए में पड़ी रहें और हम अपने ठंडे कमरों में बैठकर रंगीन बुद्धू बक्से पर क्रिकेट का गरमागरम मैच देखते रहें? निजता से बाहर निकलकर देखें दुनिया इतनी जड़ व निःस्पंद नहीं है। युवा वर्ग सब प्रकार की हिंसा का हल चाहता है। विसंगति है कि यौन हिंसा करने वाले भी ज्यादातर युवा रहे। हमें यह नहीं भूलना चाहिए कि इंडिया गेट पर न्याय माँगने वाले भी युवा ही थे।

हमारे घर के करीब स्थित एक सरकारी स्कूल की कुछ छात्राएँ कभी-कभी मेरे पास आ जाती हैं। मुझे उनकी चंचलता खींचती है तो उन्हें मेरा अकेलापन। मैंने उनसे बात करते हुए पाया दो घटनाओं पर वे बेहद मुखर हो उठती हैं। एक आरुषि हत्याकांड और दूसरी निर्भया बलात्कार। वे बताती हैं आरुषि को श्रद्धांजलि देने के लिए उन्होंने स्कूल में एक पेड़ के नीचे उसकी तस्वीर रखी थी। सिद्धि ने बताया, 'आंटी तस्वीर पर इतने फूल चढ़े जितने बिड़ला मन्दिर में भी नहीं चढ़ते।'

प्रियंका ने कहा, 'कित्ती स्वीट थी आरुषि, मारने वाले को उस पर तरस भी नहीं आया। निर्भया की क्या गलती थी, उसे क्यों तबाह

किया?' मैंने बात का रुख मोड़ा। लड़कियों से पता चला कि 16/12 के बाद उनका जीवन भी थोड़ा मुश्किल हो गया है। प्रियंका बोली, 'आंटी मेरा तो मोबाइल भी डैडी ने रखवा लिया।' सिमरन कौर ने कहा, 'सच में अब किसी का फोन आये तो मम्मी दस सवाल पूछती हैं, किसका था, क्या कह रहा था।'

रोली कहती है, 'उसकी दादी का कहना है पुराने समय में जानवर और इनसान के शरीर के सारे हिस्से पेच से खुलते और जुड़ते थे। तभी तो बन्दर ने मगरमच्छ से कहा था, मैं अपना कलेजा आम के पेड़ पर छोड़ आया हूँ, तू मुझे वापस ले चल तो मैं कलेजा ले आऊँ।' प्रियंका ने होंठ बिचकाए। रोली ने कहा, "दादी कहती हैं शिव और पार्वती एक बार ब्राह्मण के घर भेस बदलकर पहुँचे। ब्राह्मण ने उनकी खूब खातिर की। रात में पार्वती ने शिवजी से कहा, कहीं वे भूखे तो नहीं सो गये। तब शिवजी ने पाया कि उनके पेट में सिर्फ आधी रोटी और बथुए का साग पड़ा है। उन्हें बहुत अफसोस हुआ। सुबह चलते समय उन्होंने ब्राह्मण और ब्राह्मणी को वरदान माँगने को कहा। उन्होंने कहा, महाराज आगे से ऐसा कर दो कि मनुष्य की देह के सारे कलपुर्जे जाम हो जाएँ ताकि कोई अतिथि अपने आतिथेय की शर्म न देख सके। बस तभी से हमारे सारे अंग हमसे चिपक गये।' सिमरन बोली, 'इतनी लम्बी रामायण का क्या मतलब हुआ?' रोली ने कहा, "दादी कहती हैं पुराना जमाना होता तो आदमी अपने कुछ हिस्से घर में रख जाता। काम पर बस हाथ-पैर और दिमाग साथ ले जाता।' दादी की ये बातें लड़कियों के लिए गहरी चिन्ता से निकली होंगी।

जीवनसाथी की जान से खेलता युवा

भारत और इग्लैंड एक बार फिर करीब आ रहे हैं। केवल क्रिकेट के कारण नहीं बल्कि घरेलू कलह और स्त्री प्रताड़ना के कारण। इस मामले में विश्व के सभी देशों में अद्‌भुत समानता है। वह भी तब, जब विश्वपटल पर स्त्री शिक्षा और रोजगार के विकास आँकड़ों में रोज इजाफा हो रहा है। सन् 2000 से चलने वाले लोकप्रिय टीवी प्रोग्राम नाइजैला बाइट्स और नाइजैला किचन, नाइजैला एक्सप्रेस जैसे चटपटे पाक कला धारावाहिकों की होस्ट और पाक कला विशेषज्ञ नाइजैला लासन को खुलेआम घरेलू हिंसा का सामना करना पड़ा। उसका पति कोई अनपढ़, कुंठित, बेरोजगार इनसान नहीं वरन् मार्ग्रेट थैचर का पूर्व चुनावी सलाहकार चार्ल्स साची है। 70 वर्षीय साची विज्ञापन जगत का बेताज बादशाह है।

पति-पत्नी मेफेयर के रेस्तरां स्काट्स में खाने के लिए गये थे। वहाँ वे अकसर जाते थे। साथ में नाइजैला का किशोर पुत्र ब्रूनो भी था। किसी बात पर पति-पत्नी में बहस छिड़ गयी। आगबबूला होकर साची ने पत्नी का गला पकड़ लिया। पहले एक हाथ से, फिर दोनों हाथों से इतना कसकर कि नाइजैला की आँखें बाहर निकलने को हुईं। नाइजैला ने हाथों के इशारे से बार-बार साची को समझाने की कोशिश की। साची पर कोई असर नहीं हुआ।

वह खाने के दौरान ताने देता रहा। आखिरकार सुपरवुमन नाइजैला से और बरदाश्त नहीं हुआ। वह झटके से उठी और ब्रूनो के साथ टैक्सी में घर आ गयी। अनुमान है कि झगड़ा इसके बाद भी नहीं सलटा। नाइजैला जैसी कामयाब, कुशल और कलाकार महिला पति के प्रहारों के आगे बेबस हो गयी। आखिरकार उसने अलग होने का मन बना लिया। अब तो उसने अपना सामान भी समेटना शुरू कर दिया है। अचरज और

अफसोस की बात यह है कि नाइजैला ने जो अनेक पुस्तकें लिखी हैं उनमें से एक का शीर्षक है हाउ टू बी ए डामेस्टिक गाडेस (घर की देवी कैसे बनें)। उसे लग रहा होगा, पढ़ा-लिखा कुछ काम न आया।

जीवन बीता चम्मच-चम्मच

यह भी अनुमान लगाया जा रहा है कि नाइजैला की चढ़ती कला और बढ़ती शोहरत उसका पति हजम नहीं कर पा रहा। कहाँ तो वह दुनिया भर की पाक कला का कौशल अपने प्रोग्रामों में दिखाती है, कहाँ साची उसकी रसोई को रुसवा करते हुए कहता है, मुझे तो बस एक कटोरी दलिया दे दो और कुछ नहीं खाऊँगा, साची को अहसास है कि नाइजैला के प्रशंसकों और समर्थकों का गुस्सा उस पर फूट पड़ सकता है। इसलिए वह घर भी नहीं जा रहा। घटना पर साची का तर्क बेहद लचर है। उसका कहना है, 'हम बच्चों के बारे में पता कर रहे थे। मैंने हँसी में नाइजैला की गर्दन पर हाथ रखा था, दबाया बिल्कुल नहीं था। उसे तो टीवी में काम करते-करते अभिनय की आदत पड़ गयी है, इसलिए उसने आँख निकालीं। हमारी कोई कलह नहीं हुई, यह तो प्यार का कौतुक था।'

साची और लासन के तीन बच्चे हैं। साची की यह तीसरी और नाइजैला लासन की दूसरी शादी है। पूर्व विवाह से साची की एक बेटी और नाइजैला की एक बेटी और एक बेटा है। ध्यान देने की बात है कि जिसे पति प्यार का कौतुक कह रहा है क्या वह पत्नी के रुख से जाहिर हो रहा है। पत्नी रो रही है, गिड़गिड़ा रही है, उसका हाथ थपथपा कर प्राणों की भिक्षा माँग रही है लेकिन पति है कि प्यार का कौतुक खत्म नहीं कर रहा। हम हिन्दुस्तानी कौन कम हैं। अंग्रेज दम्पति साची और लासन की शादी को तो दस साल हो गये थे। हमारे यहाँ तो नवदम्पतियों में भी ऐसा प्यार का कौतुक होता है कि उसके समापन पर दुल्हन की लाश सूटकेस में ही बरामद होती है।

हमारे यहाँ पति-पत्नी सम्बन्धों में अनुदारता और असहिष्णुता के किस्से बढ़ते जा रहे हैं। आधुनिक जीवन के तनाव और दुराव, कुंठा और क्रोध, उत्तेजना का सामना और संयोजन करने में असमर्थ युवा कभी अपनी जान पर खेल जाते हैं तो कभी जीवनसाथी की जान पर। कहीं भाड़े पर हत्यारे बुलाकर पत्नी को मरवाया जाता है तो कहीं खुद ही यह प्यार का कौतुक निपटाया जाता है। पिछले दिनों पढ़ने में आया कि एक व्यक्ति ने लघुशंका के बहाने अपनी कार रोककर पत्नी पर चाकू से 24

वार किये। वह सख्तजान बच गयी, यह उसकी किस्मत और सेहत थी। दूसरी एक घटना में पति ने पत्नी को मार डाला और उसकी मृत देह को 300 टुकड़ों में काटा। यह ऐसा गुस्सा था जो मृत देह पर टूटा। इससे वह प्राचीन कहावत झूठ सिद्ध होती है कि मरे को कौन मारता है। इन खबरों से वह घटना भी याद आती है जब नैना साहनी की हत्या करने के बाद उसके पति ने एक होटल में, तंदूर में उसकी मृत देह के अंग झोंक कर मक्खन डाल-डाल कर भून डाले थे। क्या वह भी प्यार का कौतुक था?

भविष्य का नारी विमर्श

टेलीविज़न के छोटे पर्दे पर एक बड़ी फिल्म देखी, 'भाग मिल्खा भाग।' सोचा तो यह था कि खिलाड़ी के जीवन पर आधारित यह कोई हल्की-फुल्की मनोरंजक फिल्म होगी लेकिन यह तो निकली बेहद मार्मिक और गम्भीर जीवनी उस खिलाड़ी मिलखासिंह की जिसके बारे में अक्सर झूठे सच्चे लतीफे गढ़े जाते रहे हैं तथा जिसे आज की पीढ़ी उसके बेटे जीवसिंह की गोल्फ़ प्रतिभा के नाते पहचानती है।

फिल्म प्रेरणादायी है। इसे देखकर यह अहसास होता है कि एक धावक को दौड़ के क्षेत्र में अपना लक्ष्य हासिल करने में कितना संघर्ष करना पड़ता है। नींद पूरी हो न हो, शरीर कहना माने न माने, मित्र-समाज दूर हो जाय, धावक को कड़े अभ्यास और अनुशासन से गुज़रना होता है। फरहान अख्तर के बेहतरीन अभिनय ने मिलखासिंह का युवा संघर्ष हू-ब-हू पर्दे पर उतार दिया है। उफ़, परिश्रम इतना कि धावक के पसीने से भरा तौलिया जब निचोड़ा जाता है तो पूरी बाल्टी भर जाती है।

फिल्म ने सारी रात दिल दिमाग पर दस्तक दी। लगा कि यह बात हर क्षेत्र में लागू होती है। परिश्रम के सिवा और कोई रास्ता नहीं है। सारी रात कोई आवाज़ कानों में आती रही, 'लिख ममता लिख'। वास्तव में लेखन भी एक दौड़ है, लम्बी पारी की दौड़। इसमें मुकाम बहुत मुश्किल से मिलता है। कई बार तमाम उम्र लगे रहने के बाद भी नहीं मिलता। आज के बाज़ारवादी दौर में कुछ लेखक भले ही अपना प्रचार स्वयं करवा लें, रचना का शोर मचवा लें, समीक्षायें छपवा लें, इससे वे अमर नहीं हो जाते। सभी को काल नाम के विकट आलोचक का सामना करना पड़ता है। इस आलोचक के पास न जाने कितनी बड़ी रद्दी की टोकरी है जिसमें सब समा जाते हैं। प्रत्येक रचना और रचनाकार को काल-कसौटी पर कसा

जाता है तभी उसके खरे अथवा खोटेपन की परख होती है।

अन्य इलाकों की तरह लेखन के इलाके में भी आज शॉर्टकट का विकल्प उभर आया है। विशेष रूप से हिन्दी महिला लेखन में यह देखने को मिलता है कि यकायक कोई नाम बड़ी तेज़ी से उभरता है, समस्त पत्र-पत्रिकाओं में वायरस की तरह फैल जाता है और हिन्दी का बेस्ट सैलर घोषित हो जाता है। मंथर गति से जम कर लिखने वाले एकबारगी हतप्रभ रह जाते हैं जब देखते हैं अमुक कुमारी या तमुकलता की पुस्तक हाथोंहाथ बिक कर दूसरे संस्करण में पहुँच गयी, उसके ऊपर बीस समीक्षायें छप गयीं और उस पर बारह शहरों में गोष्ठियाँ हो गयीं। प्रायः इस बरसाती शोहरत के पीछे किसी दिग्गजगुरु का हाथ होता है। हर इलाके की तरह साहित्य के गुरु को भी अपनी शिष्य मंडली का विस्तार करना अच्छा लगता है। इससे अहं को सन्तोष तो मिलता ही है, निर्माण का सुख भी संचित होता है। शार्टकट की कामना, साहित्यगुरुओं की चाटुकारिता आदि तत्व वहाँ प्रबलता से पाये जाते हैं जहाँ प्रतिभा का घनघोर अभाव होता है। अक्सर लेखिकायें प्रतिभा की कमी की क्षतिपूर्ति पराक्रम से करना चाहती हैं। इस सिलसिले में उनके भक्तिभाव का तबादला भी होता रहता है। अगर वे देखती हैं कि उनका साहित्य गुरु कुछ शिथिल और क्लान्त पड़ रहा है, वे फौरन अपना कलम-कमण्डल उठा कर अगले गुरु के पास पहुँच जाती हैं।

महिला लेखन और स्त्री विमर्श के सबसे बड़े पुरोधा व शुभचिन्तक राजेन्द्र यादव जी का अवसान हिन्दी जगत को एकबारगी अवसन्न कर गया। उनके विनोद वाक्य 'हम न मरें मरिहै संसारा' का सत्य संदर्भ अब स्पष्ट हो रहा है। यह सच है हंस के दरियागंज दफ्तर में अब कोई ठहाके नहीं लगेंगे; चाय के अनगिन दौर नहीं चलेंगे लेकिन उनका लिखा अब हम दूने लगाव से पढ़ेंगे। वे ऐसे रचनाकार थे जो सृजन के क्षणों में सजग आत्मविश्लेषण भी करते चलते। व्यक्ति के तौर पर उनसे ज़्यादा ज़िन्दादिल भला कौन होगा। दुश्मनों से भी हाथ मिलाना, मौन से मौन लेखक को मुखर बनाना और गूँगी लड़कियों के हलक में आवाज़ डालना उन्हीं के बूते के काम थे। अपने इन प्रयासों में कभी-कभी वे गीदड़ को भी शेर या शेरनी बना डालते बिना यह सोचे कि कल यह उन्हीं पर दहाड़ेगा या दहाड़ेगी। उन्होंने हिन्दी में अनेक गूँगी गुड़ियाओं के भीतर की गुड़िया ढूँढ़ी और हाथ पकड़कर उन्हें लिखना सिखाया। इस मशक्कत में उनके चश्मे का नम्बर दो से चार और चार से पाँच हो गया। अपयश भी

अर्जित किया, ब्लैकमेल भी हुए लेकिन अपनी मुहिम नहीं छोड़ी। अन्तिम दिनों में वे महिला लेखन से तौबा करने की मनःस्थिति में आ गये थे। 'हंस' के मुखपृष्ठ पर उतरे हुए जूतों का चित्र बेहद प्रतीकात्मक साबित हुआ।

उनके चले जाने के बाद महिला लेखन और नारी विमर्श का पाठ नये सिरे से लिखा जायेगा। भारतीय परिप्रेक्ष्य में नारी-विमर्श की समृद्ध वैचारिक विरासत रही है। महादेवी वर्मा, सुभद्राकुमारी चौहान, शिवरानी देवी तथा इस्मत चुग़ताई की बेधड़क अभिव्यक्ति को उसी तेवर तथा तापमान से पकड़ कर ही भविष्य का नारी-विमर्श आकार लेगा।

लोकार्पण का लटका झटका

पिछले दिनों एक चर्चित लेखिका से मुलाकात हुई। उसकी कई किताबें प्रकाशित हो चुकी हैं। पत्र-पत्रिकाओं में उसके नाम के जलवे रहते हैं। उसने कहा, 'दीदी हम तो आपकी देखा-देखी लेखन में आ गये अब पछता रहे हैं।' 'क्यों क्या हो गया?' मैंने आशंका जताई।

'मेरी इतनी किताबें हैं पर आज तक एक पैसा रॉयल्टी नहीं मिली। जिस भी प्रकाशक से बात करो कह देता है तुम्हारी किताब बिकी ही नहीं।'

मैं ताज्जुब में पड़ गयी। पिछले साल पुस्तक मेले में उसकी किताब का धूमधाम से लोकार्पण हुआ। अखबारों में समाचार के साथ चित्र भी छपा। इस साल एक अंतरराष्ट्रीय क्लब में उसकी नयी किताब का विमोचन था। कई नामी हस्तियों के आशीर्वचन के साथ किताब लोकार्पित हुई। क्या इस समस्त चर्चा का पुस्तक की बिक्री पर कोई असर नहीं पड़ा। इस रहस्य का पता चलने का कोई रास्ता नज़र नहीं आता। इस खेल में लेखक के हाथ के सब पत्ते खुले रहते हैं जबकि प्रकाशक के हाथ के पत्ते एकदम बन्द।

अगर अपने देश की आबादी लगभग एक अरब मानी जाय तो कहना पड़ेगा कि इसमें लेखकों की आबादी एक लाख नहीं बैठती। वह भी तब जब इस संख्या में वे सब लेखक भी शामिल हैं जो पाठ्य पुस्तकें, शोध ग्रंथ, ज्ञान विज्ञान की पुस्तकें लिखते हैं। किसी सभा-संगोष्ठी में जब ये एकत्रित होते हैं तो लगता है कि ये बहुल हैं किन्तु अलग-अलग ये दूर और छिटके हुए हैं। जिन्दगी के हालात भी इन्हें बिखेरते रहते हैं। हिन्दी में लेखन कोई ऐसा सम्पूर्ण, स्वतन्त्र काम नहीं जिसके भरोसे जीवनयापन कर लिया जाये। महीने की पहली तारीख के दबाव झेलने के लिए लेखकों को दस से पाँच बजे की कोई बेमजा, बेतुकी नौकरी

करनी पड़ती है। अक्सर नौकरी और लेखन के बीच रस्साकशी का रिश्ता रहता है। जहाँ नौकरी जीत जाती है वहाँ लेखन हार जाता है। लेकिन जहाँ लेखन जीतता है, वहाँ नौकरी की तो छुट्टी ही समझो। श्रीलाल शुक्ल जैसे कम ही उदाहरण होंगे जिन्होंने नौकरी और लेखन, दोनों को सफलतापूर्वक चलाया।

जब से देश के विभिन्न नगरों में पुस्तक मेले लगने लगे हैं, पुस्तकों के लोकार्पण की बाढ़ आ गयी है। फिर दिल्ली में तो विश्वपुस्तक मेले की धूम रहती है। प्रकाशकों की कोशिश रहती है कि उनके स्टॉल पर अधिक से अधिक पुस्तकों का लोकार्पण हो। इसके लिए अनगिनत फोन किये जाते हैं, एसएमएस भेजे जाते हैं और महत्त्वपूर्ण अतिथियों को वाहन भेजकर बुलाया जाता है।

समारोह में बढ़िया जलपान का इन्तजाम रहता है। शहरों में दो-चार अंतरराष्ट्रीय कलब हैं जहाँ पूरे वर्ष सांस्कृतिक कार्यक्रम आयोजित होते हैं। यहाँ भी पुस्तकों का लोकार्पण प्रमुख आयोजन है। किसी-किसी लोकार्पण में रसरंजन की भी व्यवस्था रहती है।

विशिष्ट अतिथियों का बोलबाला रहता है। वहीं कहीं एक कुर्सी पर उस लेखक की लाचार उपस्थिति होती है, जिसकी पुस्तक का लोकार्पण है।

दिलचस्प बात यह है कि लोकार्पण प्रायः युवा, कम नाम या गुमनाम लेखक-लेखिकाओं की पुस्तकों के होते हैं। शुक्रवार को रिलीज होने वाली फिल्मों की तरह ये पुस्तकें एक दिन शोर मचाकर प्रकाशक के गोदाम में बन्द हो जाती हैं। अक्सर पुस्तक-लोकार्पण समारोह पर हुआ समस्त खर्च लेखक या लेखिका की रॉयल्टी के खाते में अग्रिम के रूप में दर्ज कर लिया जाता है। जाहिर है यह पचीस-तीस हजार की रकम प्रेमचन्द के पात्र शंकर के सवा सेर गेहूँ साबित होती है। ऐसे में युवा लेखिका के लिए रॉयल्टी की उम्मीद रखना एक रंगीन दिवास्वप्न से अधिक कुछ नहीं है।

ऐसे जटिल समय में याद आते हैं, वे सरल सरस दिन जब पुस्तक का लिखा जाना ही लेखक के जीवन का उत्सव था। तब न लोकार्पण का लटका था न विमोचन का झटका। बुक लांच जैसा बेमतलब का कार्यक्रम होता ही नहीं था। पुस्तक का पढ़ा जाना ही लोकार्पित होना होता था। क्या हमने कभी सुना कि निराला, पन्त, महादेवी वर्मा की पुस्तकों का लोकार्पण आयोजित हुआ?

चुम्बन चर्चा

सभी चैनलों को बहुत बहुत बधाई। बड़े दिनों के बाद उनकी गली में चाँद निकला है। कितने दिनों से वे एक झटकेदार न्यूज़ ब्रेक का इन्तज़ार कर रहे थे। गज़ब हुआ हॉलिवुड के रिचर्ड गैर ने एड्स चेतना उत्सव के दौरान मेज़बान शिल्पा शेट्टी का ज़ोरदार चुम्बन ले लिया। यह कोई आकस्मिक हरकत नहीं थी। उत्सव में बड़ी देर से रिचर्ड और शिल्पा के बीच छुआ-छुअल्ली चल रही थी, उलटी हथेली पर चुम्बन चल रहा था। शिल्पा शेट्टी कार्यक्रम का संचालन भी कर रही थी। एक हाथ में माइक पकड़े वह लगातार रिचर्ड गैर का आह्वान कर रही थी कि वह आये और परफॉर्मेंस दे। उसने आकर परफॉर्मेंस दे दी। उसने यह सिद्ध कर दिया कि चाहे जिस तरह से एड्स होता हो, चुम्बन से नहीं होता।

दृश्य मीडिया के सभी चैनल सावधान हो गये। आज की सुर्खी न कैंसर मरीज़ का बलात्कार रही न सहारनपुर की तालिबाना पंचायत; न राहुल गाँधी का बचकाना बयान न एक बच्चे का अपहरण। हर चैनल पर दिन के हर घण्टे बस एक ही प्रमुख समाचार था रिचर्ड गैर ने शिल्पा शेट्टी को स्टेज पर आधा झुका कर कैसे किस दिया। बेचारे रिचर्ड ने तो महज़ एक बार किस किया चैनलों ने उसे बार-बार दिखा-दिखाकर ऐसा बना दिया गोया रिचर्ड गैर बस इसी एक सूत्री कार्यक्रम पर भारत आया था। उसके बाद कुछ तथाकथित देशभक्त रिचर्ड गैर और शिल्पा का पुतला फूँकते दिखाये गये। ये तथाकथित देशभक्त मुम्बई, इन्दौर, कानपुर, दिल्ली और वाराणसी में नज़र आये। हैरानी है कि जब देश में हर तीसरे मिनट एक कन्या भ्रूण की हत्या होती है, जब एक स्त्री दहेज के लिए जलायी जाती है, जब एक लड़की दिन-दिहाड़े हिंसा या बलात्कार की शिकार होती है, तब ये तथाकथित देशभक्त कौन सी नींद की गोली

खाकर सोये रहते हैं। इनकी जागरूकता से चुम्बन राष्ट्रीय महत्त्व का मुद्दा बन जाता है।

दृश्य मीडिया की चैनलें महज़ खबर दिखा-सुना कर बस नहीं करतीं। वे अपने स्टूडियो में कुछ पृथुल विशेषज्ञाओं को आननफानन में बुला लेती हैं जो फतवे के स्टाइल में कहती हैं कि लक्ष्मणरेखा तो होनी ही चाहिए। वे शिल्पा के लिए नसीहत प्रसारित करती हैं कि उसे थोड़ी दूरी बरतनी चाहिए थी।

एक अरब जनसंख्या वाले अपने भारत महान में कल से आज तक न जाने और क्या-क्या हुआ होगा। ग़मे जिन्दगी से घबरा कर कुछ लोगों ने खुदकुशी की होगी, कुछ लोग हालात के मारे भूखे सो गये होंगे, कुछ लोग नौकरी से निकाले गये होंगे, कई नौजवान रोज़गार की तलाश में भटकते रहे होंगे, इनकी खबर दिखाने से खबरिया चैनलों की टी.आर.पी. कैसे बढ़ेगी। उसे तो खबर का उबाल चाहिए, बवाल चाहिए। कुछ दिन पहले एक प्रोग्राम पेश करते हुए मीका ने राखी सावंत को चूम लिया था। राखी भड़क उठी थी, मीका की यह मजाल। सभी चैनलों ने राखी सावंत को राष्ट्रीय स्तर का स्टार बना दिया। राखी ने अपना विरोध दर्ज कर तथाकथित देशभक्तों का मान रख लिया। वे सब शो देखना चाहते हैं पर चुम्बन बिल्कुल नहीं।

रविवार के चुम्बन-कांड में देखा जाय तो आपत्तिजनक कुछ खास नहीं है। शिल्पा और रिचर्ड गैर, एड्स सम्बन्धी ज़रूरी जानकारी देने, दिल्ली के चार हज़ार ट्रकचालकों के सामने प्रोग्राम प्रस्तुत कर रहे थे। रिचर्ड तो भीड़ में खड़े थे। शिल्पा उन्हें बार-बार न्यौत रही थी। वह स्टेज पर से उतर कर आयी और गैर को इसरार कर अपने साथ ऊपर ले गयी। दोनों सितारे कलाकार हैं। फिर रिचर्ड गैर के लिए यह पहला मौका नहीं था। वे नौ साल से एड ्स के खिलाफ़ जागरूकता पैदा करने का सामाजिक कार्य कर रहे हैं। वे जानते हैं जिसे एक बार एड्स हो जाय उसका समाज में क्या हाल होता है। लोग उससे यों बचते हैं जैसे यह छुतहा रोग है। जब शिल्पा ने उनसे नाचने, अभिनय करने, श्रोताओं का दिल बहलाने का बार-बार आग्रह किया तो उन्होंने अपने चिर परिचित जोशीले अन्दाज़ में सबसे पहले, चपल, चंचल, सुन्दर शिल्पा को ही उलटी प्रत्यंचा सा झुका कर कपोलों पर चूम लिया। शिल्पा के चेहरे पर राखी सावंत जैसा कोई प्रतिरोध नहीं आया। वह हँसती रही, हँसती रही और गैर की बाँहों से मुक्त हो कर एक बार फिर माइक पर कार्यक्रम को आगे बढ़ाने में लग

गयी। उसने अपना शारीरिक, भावात्मक सन्तुलन बनाये रखा और एक अच्छी प्रोफेशनल की तरह प्रोग्राम बिखरने नहीं दिया।

शहर शहर भड़के बवाल को लेकर शिल्पा शर्मिन्दा महसूस कर रही है। उसे फिक्र है कि गैर आखिर क्या सोचेंगे। वे भारत आये हैं, क्या सन्देश लेकर वापस जायेंगे कि यहाँ कलाकारों के बीच सहज सद्भाव का आदान-प्रदान भी तूफ़ान बरपा कर देता है। उन्होंने कोई चीरहरण नहीं किया, बलात्कार नहीं किया, हठात् चुम्बन लेकर यह सन्देश ही दिया कि एड्स ग्रस्त लोग सामान्य जीवन जी सकते हैं। कम से कम एड्स का वाहक चुम्बन नहीं है।

एक ओर जहाँ खबरिया चैनल जन जन तक ज़रूरी घटनाओं की सूचना और चेतना पहुँचाती हैं, दूसरी ओर वे मामूली वाक़यों को तूल देकर दर्शक का और अपना समय बरबाद करती हैं। खबर चाहे बंटी की हो या बबली की, ज़रूरत है आत्म-सम्पादन की।

देवदास नहीं पारो

देवदास फिर एक बार चर्चा में है। फिल्म, उपन्यास और चरित्र। फ्रांस के अन्तरराष्ट्रीय कान फिल्म महोत्सव में संजय लीला भंसाली की नवनिर्मित 'देवदास' ने सबका मन मोह लिया। भारतीय दर्शकों को अब उत्सुकता से प्रतीक्षा है 28 जून की, जब सम्भवतः फिल्म यहाँ दिखायी जायेगी। इन दर्शकों में युवा वर्ग तो है ही, एक हम जैसी जमात भी है जिसने 1955 में बनी देवदास (द्वितीय) अपनी लरिकइयाँ उमर में देखी थी। साथ ही स्वाधीनता सेनानियों की आयु के कुछ पके-तपे वयोवृद्ध हैं जिन्होंने सहगल वाली देवदास देखी हुई है। यानी तीन-तीन देवदास हालाँकि तीसरा अभी आयेगा। किसी की उम्र जानने का अब वह तरीका पुराना पड़ गया जब आप पूछते थे, 'आप कितने बसन्त देख चुकी हैं?' वह तरीका भी पिट गया—आप कितने बजट देख चुकी हैं। मेरे विचार से नवीनतम सवाल होना चाहिए 'आप कितने 'देवदास' देख चुकी हैं?'

उस देवदास में दिलीप कुमार की अद्‌भुत संवाद-अदायगी थी, सुचित्रा सेन का भोलापन था और वैजयंतीमाला का बाँकपन। उसमें सचिन देव बर्मन का सदाबहार संगीत था, साहिर के संवेदनशील बोल थे। लता और तलत की दिलकश आवाज थी। कहने का आशय यह है कि उसमें सबकी सामर्थ्य का सुन्दरतम प्रतिबिम्ब था। देखना दिलचस्प होगा कि वर्तमान समय में शाहरुख खान, ऐश्वर्य राय और माधुरी दीक्षित इन अविस्मरणीय पात्रों को अपने अभिनय से कैसे सजीव करते हैं। जाहिर है आज समय अलग है, दर्शक अलग है और निर्देशक भी अलग है। बाजार के तकाजे भी अलग हैं।

इतनी भिन्नताओं के बीच एक चीज जो अभिन्न, अक्षुण्ण और अपरिवर्तित रही वह थी देवदास की कहानी और उसके रचनाकार शरतचन्द्र चट्टोपाध्याय। देवदास जैसी अमर प्रेमकथा लिखकर शरत बाबू ने मानो भारतीय रचनाकार के सामने एक चुनौती खड़ी कर दी कि–देखो सही मायनों में एक सार्वकालिक, संवेदनशील, मार्मिक प्रेम कथा ऐसी होती है। वह नाटक में ढल सकती है, वह फिल्म में उतर सकती है, वह जीवन में छलक सकती है। हर युग में हरेक को देवदास पढ़ कर अपना पहला-पहला प्यार कसक जाता है। पारो की पोर-पोर में लड़कियाँ अपनी पीर देख लेती हैं। अज्ञात यौवना आयु पर, न जाने कितनी लड़कियों को अपने पड़ोस का कोई अक्खड़, अनजाना, अलमस्त देवू भा गया है, स्कूल का कोई सहपाठी, कॉलेज का कोई क्रांतिकारी छात्र, कालोनी का कोई प्रियदर्शन पुरुष। उससे परिचय भी हुआ है और प्रेम भी। छोटे शहरों, कस्बों में प्रेमी को कज़िन या भैया कह कर ही लड़कियाँ अपने परिवार और समाज में स्वीकृति दिलाती हैं। लड़के-लड़की सबके सामने अपनी पढ़ाई की बातें करते हैं, नोट्स लेते देते हैं, गानों की पसन्द पूछते हैं, पर इसके आगे, पहले प्रेम में कितनी झेंप, झिझक और झिलमिली होती है। लड़का नौकरी लगने पर दूर कहीं चला जाता है। लड़की की शादी किसी पुरुषोत्तम से तय कर दी जाती है। जब-जब पति भावात्मक धरातल पर 'फेल' होता/करता है तब-तब पहला प्यार टीस जाता है। संसार की सभी प्रेम कहानियाँ इसी टीस की प्रतिछवि है।

देवदास का कालजयी कथानक इतिहास-भूगोल की सभी सीमाएँ लाँघ जाता है। बीसवीं सदी के प्रारम्भिक दशक में लिखी गयी यह रचना देवदास, पारो, चन्द्रमुखी और चुन्नीलाल जैसे अविस्मरणीय चरित्र गढ़ती हैं और ऐसी जीवन स्थितियाँ प्रस्तुत करती हैं जो आठ दशक बाद भी विश्वसनीय और वास्तविक लगें। आमतौर पर लोग देवदास का चरित्र सबसे सशक्त, त्रासद और पारदर्शी मानते हैं। देवदास की कल्पना करते ही मस्तिष्क में ऐसी तस्वीर उभरती है–एक रईस, रूपवान, बदनाम आशिक जिसके हाथ में शराब की बोतल और दिल में दर्द हर घड़ी बना रहता है। पर मुझे लगता है इस उपन्यास का नाम 'पारो' होना चाहिए था।

बहुत वर्ष पहले देवदास पढ़ा था। अब देवदास का दिन-रात शोर सुन कर फिर पढ़ डाला। सहसा कवि विनोद दास की उक्ति सही लगी। बाँगला कहानी को बंगाल की सीमाओं के पार ले जाने में रवीन्द्रनाथ

ठाकुर के बाद शरतचन्द्र ही आते हैं। वे स्त्री-मन के अद्‌भुत चितेरे रहे हैं। स्त्री-मन की अतल गहराइयों में अत्यन्त आत्मीयता से झाँक कर भारतीय स्त्री की पीड़ा, प्रेम, आक्रोश और द्वन्द्व को उन्होंने अपनी कहानियों में अत्यन्त मार्मिकता से उकेरा है। शरत बाबू ने यों तो हर पात्र के साथ सघन सम्बन्ध स्थापित किया है पर पारो को उन्होंने जो स्वाधीनता, स्वाभिमान और साफगोई दी है वह अन्य किसी पात्र में नहीं। पार्वती तेरह साल की है और देवदास उन्नीस का। दोनों लड़कपन से संग पढ़े और खेले हैं। पारो अप्रतिम सुन्दरी है। उसके अन्दर भोलापन है, निर्मल, निश्छल। पर साथ ही गहरा आत्मविश्वास और अस्मिताबोध। बहुत छुटपन में एक बार देवदास उससे तिक्त स्वर में बोलता है 'जाओ पानी ले आओ' पारो मना कर देती है 'अब मैं नहीं जा सकती।' जब देवदास उसे मारता है, वह जाकर उसके पिता को सच-सच बता देती है कि देवू भइया बाँस की झाड़ी में बैठा तमाखू पी रहा है। उसकी सहेली मनोरमा पूछती है, 'तुम्हारे वर का नाम क्या है?' पार्वती बड़ी सादगी से कहती है, 'इतने दिनों में तुमने यह भी न जाना, श्री देवदास है।' मनोरमा का विचार है कि यह रिश्ता अभी पक्का नहीं समझा जा सकता। पार्वती कहती है, 'ठीक है, मैं उससे ही पूछ लूँगी तुम मुझसे ब्याह करोगे या नहीं।' एक कदम आगे बढ़कर वह सहेली से कहती है, 'तुम झूठ-झूठ ही सिर में सिन्दूर लगाती हो, चूड़ियाँ पहनती हो। जो बात मैं तुमसे कह सकती हूँ, वह उनसे क्यों नहीं कह सकती।'

यही पूछने वह रात के एक बजे देवदास के कमरे में चली जाती है। हक्का बक्का देवदास, रूढ़िग्रस्त, रुग्ण और मूढ़मति नायक की तरह कहता है, 'इतनी रात को। छिः छिः। कल अपना मुँह कैसे दिखाओगी?'

पार्वती कहती है, 'यह साहस मुझ में है।'

देवदास अपने माता-पिता की असहमति का तर्क देता है।

पारो कहती है, 'तो तुम अबाध्य हो जाओ।'

यह तो देवदास ही है जो रूढ़ियों से मुक्त नहीं हो पाता।

शरत बाबू ने देवदास से अधिक वैचारिक प्रखरता और संघर्षधर्मिता पारो को प्रदान की है।

विवाह के बाद भी देवदास से मिलने में उसे कोई कुंठा नहीं। देवदास के अन्दर साहस और वयस्कता बरास्ते चुन्नीलाल और चन्द्रमुखी आती है। उसने शराब में अपने को गर्क कर दिया है। पराभव की पराकाष्ठा

में हलका सा पराक्रम वह एक बार दिखाता है। 'तुम आज रात मेरे साथ भागकर चल सकती हो?' वह पार्वती से कहता है।

पार्वती मना कर देती है। उसका अहम्, अनुराग को उच्छिष्ट की तरह स्वीकार करने में विश्वास नहीं करता। पारो का आत्मसम्मान विस्मयकारी है। पारो पर एक समूचा शोध-ग्रन्थ लिखा जा सकता है। फिर भी यह शरत बाबू की कलम ही है कि हमारे हृदय पर समग्र प्रभाव पारो और देवदास की चरित्रगत जटिलताओं का नहीं वरन तरल तन्मयताओं का पड़ता है। प्रेम कहानियाँ कभी पुरानी नहीं पड़ती।

पुरस्कारों के पीछे क्या है

नयी कहानी आन्दोलन एवं दौर के एक चमकीले सितारे कमलेश्वर प्रगतिशील लेखक संघ द्वारा आयोजित संगोष्ठी में इलाहाबाद पधारे। 'फासीवाद के उभरते तेवर तथा धर्मनिरपेक्ष ताकतों की भूमिका' पर विचार-विमर्श में कमलेश्वर ने बेबाक तरीके से अपनी बात रखी। फिल्म और दृश्य-श्रव्य संचार माध्यमों में रचे बसे कमलेश्वर के पास सही और दो टूक बात कहने का दमखम बिल्कुल पहले जैसा है। यही वजह है कि अखबारों के प्रतिनिधि उनसे बात करने के लिए उमड़ पड़े। संवाद, साहित्य की ओर मुड़ा। कमलेश्वर ने कहा कि साहित्य में हमें वे विधाएँ विकसित करनी होंगी जो तात्कालिक जरूरतों से टकरा सकें, उनके उत्तर तलाश सकें। रिपोर्ताज इसके लिए अच्छा माध्यम हो सकता है।

उनका मानना था कि कविता बहुत देर में असर करती है, कहानी फिर भी जल्द असर करती है लेकिन पत्रकारिता का असर सबसे जल्दी और सीधा होता है।

पत्रकारों ने उनसे साहित्य के समकालीन परिदृश्य पर संवाद किया। कमलेश्वर ने कहा यह साहित्य का सबसे दोगला दौर है जब लेखक अपनी रचनात्मकता को चुकते और चूकते देखकर स्त्री अथवा दलित विमर्श जैसे मुद्दों में अपना अस्तित्व ढूँढ़ रहे हैं। इन लेखकों का अपनी पीढ़ी से कोई संवाद नहीं है, साथी-लेखकों के साथ बैठना इन्हें गवारा नहीं, समाज के दो कमजोर तबकों के मसीहा बनना इन्हें ज्यादा फायदेमंद लगता है।

कमलेश्वर की बेबाक बयानी से ही यह तथ्य सामने आया कि उन्हें हिन्दी में पुरस्कारों की फिक्सिंग के बारे में कुछ तकलीफदेह जानकारियाँ हैं। उन्होंने कहा कि 'पहले से तय पुरस्कारों को दिये जाने के फैसले का नाटक करना साहित्यिक अपसंस्कृति है। आजकल चर्चा में जो प्रस्तावित

पुरस्कार है वह विदेश की धरती पर दिया जाना है। उसमें नगद धनराशि के अलावा सप्ताह भर की विदेशी सैर भी सम्मिलित है।' कमलेश्वर के 'दैनिक अमर उजाला' में प्रकाशित इंटरव्यू के अनुसार 'इस बार यह पुरस्कार एक खास लेखिका को दिया जाना तय है। हिन्दी के प्रमुख रचनाकारों से इस निमित्त सुझाव और संस्तुतियाँ माँगने का नाट्य इन दिनों चल रहा है।' कमलेश्वर ने कहा एक लोकप्रिय पत्रिका के सम्पादक के नेतृत्व में यह लॉबिंग चल रही है कि वे और उनके समर्थक, अमुक के अलावा किसी भी पायदान पर और किसी का नाम न लिखें। मेरे प्रतिवाद करने पर उन्होंने कहा, 'मंच सज्जा तो इसी नाम की खातिर हो रही है, सम्पादक महोदय ने संकल्प लिया है।'

यदि यह सच है तो हिन्दी पुरस्कारों की स्थिति वाकई दयनीय है। हर पुरस्कार की फाइल पहले ही खुल पड़ती है। कुछ दिनों पहले 'इंडिया टुडे' में प्रकाशित एक कहानी से सूचना मिली थी कि अकादमी पुरस्कार इस बार बंगालवासी लेखिका को मिलने जा रहा है। पुरस्कार के लिए निर्णायक-समिति के सदस्यों के नाम पहले ही उजागर हो जाते हैं। नामित प्रत्याशी उचित समय पर दौड़भाग, खुशामद, आत्मप्रचार में लगे जाते हैं। कई भोले रचनाकार महीने भर के लिए दिल्ली में डेरा डाल लेते हैं और पुरस्कार की घोषणा के पश्चात् हारे सिपाही की तरह अपने शहर को कूच कर जाते हैं।

अन्य सभी चीजों की तरह यदि साहित्यिक पुरस्कार भी प्रायोजित होने लगे तो साहित्य के क्षेत्र में विश्वसनीयता का नया संकट उपस्थित हो जायेगा। हिन्दी में वैसे ही पाठकों का टोटा रहता है। अगर उन्हें महसूस होगा कि उन्हें 'प्रायोजित उत्कृष्टतावाद' परोसा जा रहा है तो वे न केवल भाग खड़े होंगे वरन् हिन्दी का मौजूदा साहित्य गंगा में बहा देंगे। नहीं पढ़ेंगे किताब, उतनी देर के लिए सिनेमा चले जाएँगे या केबिल नेटवर्क पर कोई आह-उई धारावाहिक देख लेंगे। पुरस्कारों के लिए निर्णय में यदि प्रदाता से तटस्थता नहीं बरती जाती तो समूचे उबाऊ नाट्य की क्या जरूरत है।

घर आकर मेज पर डाक पलटी। मेरे नाम भी पत्र आया था कि मैं अपने हिसाब से नामांकन करूँ। खैर मनायी कि कमलेश्वर से निर्णय का पता अग्रिम चल गया। नहीं तो किसी भी पुरस्कार के लिए संस्तुति करने से पूर्व मेरा पूरा दिन सिर्फ किताबें उलटने-पलटने, फिर से पढ़ने और तुलनात्मक समीक्षा करने में खर्च होता है। इस बार मैं व्यर्थ परिश्रम

से बच गयी।

महिला-लेखन ने जहाँ अपनी ऊर्जा और ओजस्विता से एक निश्चित पहचान बनायी है वहाँ उसे यह देखना होगा कि वह हड़बड़ी और गड़बड़ी का पर्याय न बन जाये। वस्तु और विचार में यही बड़ा अन्तर है कि वस्तु के प्रचार-प्रसार के लिए उसकी बाजार-नीति तय करनी होती है। किन्तु विचार पर हम बाज़ार की शर्तों के अन्तर्गत उसके स्थापन, वितरण विपणन और श्रेष्ठता-निर्धारण के प्रश्न अपने हाथ में नहीं ले सकते। साहित्य में सही मूल्यांकन कभी-कभी एक शताब्दी या अर्द्धशताब्दी ले लेता है। साहित्य में निहित विचार समय और समाज की खराद पर जाँचे-परखे जाते हैं।

आज कुछ रचनाकारों द्वारा लेखन क्षेत्र में अजब ढंग से पूँजी निवेश किया जा रहा है। रचना छपवाने से लेकर उस पर समीक्षा और संगोष्ठी करवाना, रचना को सम्मानित, पुरस्कृत करवाना विशुद्ध व्यावसायिक कुशलता के साथ किया जा रहा है। मैंने दिमाग पर बड़ा जोर डाला पर मुझे ऐसा कोई प्रसंग याद नहीं आया कि सुभद्राकुमारी चौहान अथवा महादेवी वर्मा कभी किसी सम्पादक की पत्नी के लिए भेंट लेकर उसके घर पहुँची हों। कृष्णा सोबती अपनी पूरी नाजुकमिजाजी और तुनक तुन-तुन के साथ हिन्दी जगत में स्थापित हैं। अपने बारे में कम से कम बोलना उनका स्वभाव है। अक्सर अपने सम्पादक या प्रकाशक से उनके मतभेद ही हम तक खबर बन कर आते हैं। कथा जगत की नक्षत्र मन्नू भण्डारी ने कभी रचनाएँ छपवाने के लिए खैरात की तरह चन्दे नहीं बाँटे। वे अपनी रचनाओं के प्रचार और प्रकाशन के प्रति उदासीनता की हद तक निरपेक्ष रहीं। इन सब रचनाकारों की उज्ज्वल छवि और अकलंक कीर्ति एक शालीन संकेत करती है।

'अलभ है इष्ट अतः अनमोल/साधना ही जीवन का मोल।'

परिवार का बहिष्कार क्यों

अभी हाल में स्त्री-अधिकार संगठन की इलाहाबाद इकाई व अभियान संस्था ने स्त्रियों की मौजूदा हालत, दिक्कतों और पेचीदगियों पर कानूनी नजर से विचार करने के लिए एक गोष्ठी में सर्वोच्च न्यायालय के अधिवक्ता अरविन्द जैन को आमंत्रित किया। नारी-विमर्श के क्षेत्र में अरविन्द जैन को उनकी बेहद लोकप्रिय पुस्तक 'औरत होने की सज़ा' के रचनाकार के रूप में जाना जाता है। आठ साल में इस पुस्तक के दस संस्करण हो चुके हैं लेकिन अभी भी यह एक अनार सौ बीमार का दुर्लभ दर्जा रखती है।

सो अरविन्द जैन आये और खूब आये। नवजागरण अभियान के तहत जम कर बोले। निराला सभागर श्रोताओं से खचाखच भरा था। कुर्सियाँ भरने के बाद लोग दरी और दरवाजों पर ठँस गये। ऐसा लगा कानूनी रास्ते की सम्भावना और सीमा जानने के लिए जितनी महिलाएँ जिज्ञासु हैं उतने ही पुरुष। अरविन्द जैन के स्पष्टतावादी वक्तव्य को सुनने के बाद श्रोताओं की पीड़ा यह जान कर बढ़ गयी कि न्याय की दुनिया अन्याय से भरी है। कानून स्त्रियों को सुरक्षित की बजाय असुरक्षित करने का काम कर रहा है। स्वाभिमान, स्वाधीनता और समानता के लिए संघर्ष करने वाली स्त्री को बहुत सँभल कर चलना पड़ेगा क्योंकि विधि-व्यवस्था में दसियों ऐसे चोर दरवाजे हैं जो पुरुष को भाग निकलने में मदद पहुँचाते हैं। यही कारण है कि दहेज-हत्या और बलात्कार के मामलों में अधिसंख्य अपराधी बाइज्जत बरी हो जाते हैं। एक तरह से कानूनी दलीलें पत्रकार और अखबार की मेहनत पर पानी फेर देती हैं। सामान्य लोग आश्चर्य करते हैं कि अपराधी सीना फुला कर समाज में घूम रहा है जबकि जिसके प्रति अपराध हुआ है वह स्त्री या तो दिवंगता है या लज्जिता। चारों ओर रामनाम की धूम मची है पर रामराज्य अभी

तक कायम नहीं हुआ है। बल्कि रावण-राज्य का बोलबाला है। स्त्री के विरुद्ध हिंसा की घटनाएँ रोज बढ़ती जा रही हैं। लेकिन कानून पीड़ित स्त्री के प्रति सरोकार, संवेदनशीलता और सहानुभूति की जगह सन्देह, साक्ष्य और सवाल का चक्रव्यूह पेश करता है। अस्तित्व, अस्मिता और सम्मान की इस असमान लड़ाई में, अरविन्द जैन के अनुसार आशा की किरण यदि है तो बस इतनी कि बलात्कार या हिंसा की घड़ी में जब स्त्री के पास बचाव का कोई रास्ता न बचे तो वह अपराधी की हत्या भी कर सकती है। आत्मरक्षा के लिए की गयी हत्या अपराध नहीं है।

आर्थिक क्षेत्र में स्थिति और भी चिन्ताजनक दिखायी दी। अन्तरराष्ट्रीय श्रम संगठन (संयुक्त राष्ट्र) की एक रिपोर्ट के अनुसार 'दुनिया की 98 प्रतिशत पूँजी पर पुरुषों का कब्जा है। पुरुषों के बराबर आर्थिक और राजनीतिक सत्ता पाने में औरतों को अभी हजार वर्ष लगेंगे।' उत्तराधिकार के सभी नियम-कानून पुरुष और पुत्र के पक्ष में हैं। अरविन्द जैन बोल रहे थे और मेरी आँखों के आगे प्रमिला गर्ग का हताश चेहरा मँडरा रहा था। प्रमिला ने अपने माँ-बाप की असामयिक मृत्यु के बाद तीनों भाइयों को पढ़ाने, रोजगार दिलवाने के लम्बे संघर्ष में अपनी सुध नहीं ली। उसने यूनिवर्सिटी में नौकरी की पर विवाह से कतराती रही। वही प्रमिला आज अपने पुश्तैनी मकान में रहने और दो कमरों पर अधिकार पाने के लिए भाइयों से, लम्बा और तकलीफदेह मुकदमा लड़ रही है। भाई-भाभियों से संवाद एकदम बन्द है। वे अपने वकीलों के माध्यम से बोलते हैं और उन्हीं के सिखाये शब्दों द्वारा। मकान में बराबरी का बँटवारा भाइयों को गवारा नहीं और गैर-बराबरी का, बहन को। आज प्रमिला को अपने इस फैसले पर पश्चाताप हो रहा है कि उसने भाइयों की खातिर चिरकुमारी रहने की क्यों ठान ली। जब वक्त था, पैगाम भी थे। अब न वक्त रहा न पैगाम।

इसी सभा में स्त्री की स्थिति पर आवेगपूर्ण चर्चा हो रही है। इस बात पर चिन्ता प्रकट की गयी है कि आज बड़े शहरों में विवाह की बजाय सहजीवन शैली, लड़के-लड़कियों को ज्यादा मंजूर है। संगठन की सर्वेसर्वा पद्‌मा सिंह ने ऐलान किया 'रहने दीजिए एक पीढ़ी को विवाह के बिना और चौखटे के बाहर।' जाहिर है ऐसी उत्तेजनापूर्ण प्रतिक्रियाओं की जड़ में परिवार का निरंकुश पितृसत्तात्मक ढाँचा, अधिकारों का असमान वितरण और वर्तमान व्यवस्था की विसंगतियाँ थीं। निकहत गाँधी ने समन्वय का

प्रयत्न करते हुए कहा कि स्त्री अधिकार की लड़ाई में पुरुषों के साथ भी कम बुरा नहीं हुआ है, उनका रोने का अधिकार भी छिन गया है। जाहिर है जो स्त्रियाँ सभागार में आयी थीं उन्होंने अपने परिवार में इतनी आजादी कमाई थी कि वे यहाँ बेधड़क नारे लगा रही थीं। परिवार के बहिष्कार से ज्यादा आवश्यक है कि उसका परिष्कार किया जाये।

परम्परा का कृष्णपक्ष

अभी हाल, इलाहाबाद संग्रहालय में, 'बीज से वृक्ष' व्याख्यानमाला के अन्तर्गत 'परम्परा और मौलिकता' पर कवि कोविद् अशोक वाजपेयी ने सारगर्भित व्याख्यान दिया। स्वयं विलक्षण मौलिकता के धनी अशोक वाजपेयी ने कहा कि परम्परा के बिना मौलिकता सम्भव नहीं है। परम्परा द्वारा प्रस्तुत प्रतिरोध वस्तुतः परिवर्तनधर्मी मौलिकता का कारक बनता है। उन्होंने परम्परा की प्राच्य और पाश्चात्य अवधारणा का अन्तर स्पष्ट करते हुए रेखांकित किया कि भारतीय परम्परा में यह नहीं कहा जाता कि ऐसा है वरन् यह कहा जाता है कि ऐसा होता आया है। परम्परा को परिवर्तन-विरोधी, मौलिकता-विरोधी, अतीतजीवी कहना पश्चिम की मान्यता है। उन्होंने कहा हमारी परम्परा, परम्पराओं के समुच्चय का नाम है।

डेढ़ घण्टे के इस व्याख्यान में, वह सब कुछ था जो इसे अविस्मरणीय बना रहा था। विचार-वैभव, शब्द-सम्पदा, वाक्-चातुर्य और विराट-चेतना। समय की समकालीन जटिलता की जगह वे परम्परा की जीवित सत्ता की उदात्तता पर बल देते रहे। व्याख्यान की समाप्ति पर ही यह सम्मोहन टूटा और सहज ही यह प्रश्न उठा कि अगर परम्परा इतनी उदार, उदात्त और उज्ज्वल है तो कैसे उसमें जगह-जगह गाँठ पड़ जाती है। परम्परा का कर्मकाण्ड रूढ़ियों के रूप में हमारी गलफाँसी बन जाता है। परम्परा के नाम पर स्त्री-समाज का कितना दमन और दलन हुआ है, इतिहास इसका साक्षी रहा है। अशोक जी इस सवाल को उलाँक गये। ऐसा नहीं कि श्रोताओं का धैर्य चुक गया था पर अशोकजी ने मात्र यह कहकर कि मुझे परम्परा अपने निर्मलतम रूप में ही दिखायी देती है, प्रश्न से छुट्टी पा ली। आयोजनकर्ता आश्वस्त हुए कि पाँच बजे का बजर बजने से पहले गोष्ठी समाप्त हो गयी।

प्रायः गोष्ठियों में निर्धारित विषयों के साथ ऐसा होता आया है कि वक्तव्य, विचार और व्याख्यान के बाद भी वातावरण में एक प्रश्नाकुलता फड़फड़ाती रह जाती है। इधर के समय में परम्परा और संस्कृति, धर्म और नैतिकता जैसे विषयों पर एकाधिक बार चिन्ता और चिन्तन होता रहा है। इस नाजुक दौर में ये चारों शब्द परम प्रचंड और चरम ज्वलनशील हो गये हैं। कितनी अजब बात है कि हम अपनी विराट, सार्वभौमिक, सुपरिभाषित ऐतिहासिक परम्परा से वर्तमान समय की खण्डित आस्था, दिग्भ्रमित राष्ट्रवाद और रक्तरंजित राष्ट्रप्रेम के कोई सन्तोषजनक उत्तर नहीं ढूँढ़ पाते।

कई बार ऐसा लगता है कि देशप्रेम केवल हिन्दुओं की नसों में दौड़ता है। भारत में रहने वाले शेष भारतीय किसी न किसी खुफिया एजेन्सी द्वारा भेजे गये भेदिये समझे जाते हैं। ऐसे अल्पसंख्यक जिन्होंने आजादी के बाद इसी भारत में जन्म लिया, यहीं पले, बढ़े और पढ़े, यहीं जिनकी शादी हुई, परिवार बने, यकायक अपने पैरों के नीचे से जमीन सरकती पा रहे हैं। अविश्वास का दंश झेल रहे ये अल्पसंख्यक अपने ऊपर हुए अत्याचार, बलात्कार, हिंसा और लूटमार की रिपोर्ट तक नहीं लिखवा सकते। पुलिस से लेकर प्रशासन तक और प्रशासन से लेकर कानून तक, सब भारतीय बनाम हिन्दू परम्परा और धर्म के प्रेम में ऐसे रचे हैं कि कहीं कोई सुनवाई नहीं है। बजाय इसके कि संदिग्ध तत्त्वों पर घेरा कसा जाय, सबको एक ही लाठी से हाँका जा रहा है। गुजरात में हिन्दू-बहुल जनसंख्या के बावजूद जो हुआ वह साम्प्रदायिक दंगा नहीं था। दंगे भड़काने वाले बाहर से आये तत्त्व थे और जिन भीतरी तत्वों ने उनका साथ दिया, ये वे लोग थे जो हर दंगे, लूटपाट, आगजनी और अपराध में सक्रिय हो जाते हैं। पिछले दिनों अकेले अहमदाबाद में आलम यह था कि जो जितने ज्यादा जलते टायर अल्पसंख्यकों के घरों पर गिराये वह उतना बड़ा देशप्रेमी माना जाये। स्त्रियाँ भी इसमें बढ़-चढ़कर हिस्सा लेती दिखायी दीं, मानो यह उनके पूजापाठ और यज्ञ-आहुति का आवश्यक अंग हो। टीवी के विभिन्न समाचार चैनलों पर आता यह दृश्य अपनी पुनरावृत्ति में पीड़ा पहुँचाता रहा। क्या हमारे समाज में स्त्रियाँ इसी तरह हाँकी जाएँगी रेवड़ की तरह? वे अपने विवेक से निर्णय लेना कब शुरू करेंगी? क्या यह नवीन तथाकथित राष्ट्रप्रेम उस मानवीय संवाद के मुँह पर पट्टी बाँध देगा जो अब तक विभिन्न समुदायों के बीच नवरंगपुरा या गोमतीपुर में होता आया था।

परम्परा हमें राष्ट्र-धर्म और संस्कृति से प्रेम करना सिखा सकती है अगर हम उसके व्यापक आयाम देख सकें। अन्यथा परम्परा का सार हमसे छूट जायेगा और हमारे हाथ में सिर्फ छूँछ रह जायेगा—हम झाँझ मंजीरे बजाकर मन्दिरों में नाचते रहेंगे, गणेश जी को दूध पिलाते रहेंगे, रामलला का खटोला बिछाने को छैंया ढूँढ़ते, दौड़ते रहेंगे।

भारतीय परम्परा ने स्त्रियों को जहाँ दस-बीस ऐसी संस्कृत आर्ष-सूक्तियों से विभूषित किया है कि वे अपने को देवी समझते रहें, वहीं तमाम ऐसे कटाक्ष भी किये हैं जिनसे वह दानवी सिद्ध हों। यानी मानवीय उसे रहने ही नहीं देना है। महादेवी वर्मा ने नारी के उसी रूढ़िग्रस्त चित्र को आदर्शों की निर्जीव गठरी कहा था।

सम्भवतः इसीलिए परम्परा के प्रति विद्रोह हमें पारम्परिक लोकगीतों में सर्वाधिक देखने को मिलता है। अनुपयुक्त वर ढूँढ़ने पर कन्या पिता के सामने अपना आक्रोश प्रकट करती है :

आगिया लगाउब बाबा पंडित के वेदवा
फँसिया लगाउब फंदा डारि,
जनमत बाबा मोहि पथरा दबउतेऊ
काहे के जियरा विरोग।

महिलाओं को आत्मनिर्भर होना ही होगा

सोलह वर्षों में तीसरी बार और पिछले दस वर्षों में दूसरी बार कानपुर में तीन सगी बहनों ने सामूहिक आत्महत्या का प्रयासा दुहराया। शहर वही है, कानपुर। संख्या वही है—तीन, परिस्थितियाँ वही हैं—गरीबी और अभाव, मानसिकता वही है—असुरक्षा की भावना और भविष्य की आशंका।

22 साल की नीलम 20 साल की वीना और 18 साल की आरती घरवालों की आँखों में चिन्ता और दिमाग में तनाव देख रही थीं। उन्हें ऐहसास था कि इसका कारण उनकी चढ़ती उम्र और घर की तंगहाली है। पिता का निधन हो चुका था। भाई चपरासीगिरी से बमुश्किल घर की गाड़ी खींच रहा था, ऐसे में पारम्परिक विवाह का सरंजाम एक असम्भव सपना था। तीनों ने परिवार में जरूर ऐसे संवाद सुने होंगे जिनसे यह स्पष्ट हुआ होगा कि बिना धन के उन्हें जीवन धन मिलना नामुमकिन है। तीनों ने मिलकर इस समस्या पर बात की होगी, तीनों के मन एक ही तरह से उद्वेलित हुए होंगे। तीनों ने तय किया होगा कि सल्फास की टिकिया खरीद कर खाई जाय। नीलम और वीना मर गयीं। इसे आरती का सौभाग्य कहें या दुर्भाग्य कि वह बच गयी। विडम्बना यह है कि जीतेजी वह पुलिस वालों की जाँच पड़ताल के घेरे में फँसी रहेगी और महसूस करेगी की सद्गति की जगह उसे दुर्गति नसीब हुई।

पुलिस अपनी छानबीन महज तथ्यों पर आधारित करती है, उसे समस्या के भावात्मक पक्ष से कुछ लेना-देना नहीं रहता। कानून की नजर में आत्महत्या एक अपराध है। आत्महत्या करने निकली लड़की अगर मर गयी तो मुक्त है, नहीं तो अभियुक्त है। जीते जी परिवार के ताने। मरने चली थी, मर क्यों न गयी', समाज के उपहास 'शादी के लिए मरी जा रही थी', और निज की कुंठा। 'मैं ही क्यों बच गयी सब सहने-सुनने के

लिए?' न लड़की को न चैन से जीने देगी न सामान्य होने।

इस खबर से चंट समाज को यह भी अचम्भा है कि एक तंगदस्त परिवार ने तीन-तीन बेटियाँ कैसे पैदा हो जाने दीं। न तो उन्होंने परिवार नियोजन अपनाया और न ही भ्रूण परीक्षण। हो सकता है एक और बेटे की आस में ये तीन बेटियाँ संसार में आ गयीं। यह भी सम्भव है कि बाईस साल पहले गर्भस्थ शिशु के लिंग परीक्षण की सुविधा कानपुर में न रही हो।

मृत कन्याओं की माँ विद्या दीक्षित एक सीधी-सादी समाज भीरु महिला हैं। नहीं घर में ऐसी कोई बात नहीं हुई थी। वे कहती हैं। यह सच है कि अपनी लड़कियों के मानसिक और भावात्मक संसार की उन्हें कोई जानकारी नहीं थी। वे अपनी सामर्थ्य से बाहर उन्हें पढ़ा रही थीं। नीलम और वीना दयानन्द गर्ल्स डिग्री कॉलेज की छात्राएँ थीं। नीलम ने एम.ए. किया था और वीना बी.ए. के पश्चात एक स्कूल में थोड़े दिन पढ़ा चुकी थी। आरती इंटर में पढ़ती है। सवाल यह उठता है कि स्कूल कॉलेज ने इन बच्चियों की मानसिकता बनाने में क्या भूमिका अदा की। यकीनन कुछ भी नहीं। लड़कियाँ अपना निजी नरक झेलती रहीं। और जब नहीं झेल पायीं तो दूसरी दुनिया में कूद गयीं। आज से दस साल पहले कुली बाजार के परिवार की तीन बहनों ने इसी तरह दहेज के खौफ से कुन्दे से लटक आत्महत्या की थी। वे भी कानपुर के एक प्रतिष्ठित कालेज में पढ़ती थीं। आज स्कूल कॉलेजों में छात्र संख्या बहुत अधिक होने की वजह से शिक्षक छात्र सम्बन्ध चरमरा गये हैं। यह जरूरी है कि शिक्षक और छात्रों के बीच अनौपचारिक संवाद के सेतु बनें ताकि शिक्षक उनके जीवन में निर्देशक भूमिका अदा करें।

आजादी के 49 साल बाद भी अविवाहित लड़की आज भी घर का बोझ समझी जाती है, 50 हजार की बिल्टी, परायी धरोहर। सन् 1984 में संशोधित दहेज विधेयक के बावजूद एक तरफ विवाह पूर्व आत्महत्या के प्रकरण दूसरी तरफ दहेज की घटनाएँ तेजी से बढ़ रही हैं। स्त्रियों पर अत्याचार, हिंसा, आक्रमण, और बलात्कार का कहर बर्दाश्त की हदें उलाँघता जा रहा है। नवीनतम समाचारों के अनुसार अलमोड़ा से 50 किलोमीटर दूर बनौड़ा गाँव में तीन विवाहित युवतियों ने एक पेड़ पर सामूहिक फाँसी लगायी। इनमें से निर्मला और भागुली तो तड़प-तड़प कर मर गयीं पर नीरू के गले में फन्दा ठीक से न फँसने के कारण वह बच गयी। ये सब हालात से परेशान और अपने प्रति परिवार के निर्मम व्यवहार से व्यथित थीं।

कितनी हैरानी की बात है एक तरफ औरत के पास सरकार का दिया तीस प्रतिशत आरक्षण है, दहेज विरोधक कानून है, उत्पीड़न निषेध नियम है, दूसरी ओर समाज द्वारा समर्थित एक ठस्स और ठोस रवैया है जिसमें हर कानून से बच निकलने का रास्ता ठीक बगल से निकलता है।

महिलाओं की हिफाजत के लिए यह जरूरी हो जाता है कि उनके मनोबल को प्रबल करने के लिए प्रयत्न किये जायँ। नीलम, वीना और आरती को अगर यह समझाया गया होता कि 'अरे शादी की कौन जल्दी है। तुम तीन हो, यानि छह हाथ, मिलजुल कर कोई छोटा मोटा काम धन्धा खोल लो, जब आत्मनिर्भर हो जाओ तो मनपसन्द विवाह करना।'

यह भी मुमकिन नहीं कि पढ़-लिख कर हर लड़की को अध्यापिका की नौकरी मिल जाये। इससे कहीं अच्छा है कि वे स्वरोजगार की तरफ ध्यान दें। तीन लड़कियाँ अगर दिन भर में 12 ाड़ियों में फॉल भी लगा लें तो 100 रुपये रोज कमा सकती हैं, अगर घुमंतू सेल्सगर्ल बन जायँ तो 150 रुपये रोज। हमारी शिक्षा प्रणाली का खोट यह है कि यह पराक्रम और परिश्रम की जगह प्रमाद और पलायन देती है। हम सोचते हैं कि हमें ऐसा काम करने को मिले जिसमें कपड़े मैले न हों, माथे पर पसीना न आये और घर से बाहर निकलने को मिले। भले ही चार पैसे कम मिलें, तथाकथित इज्जत बनी रहे।

पिछले दिनों मैंने सौराष्ट्र में देखा, वहाँ पढ़ी-लिखी महिलाओं ने घर पर केटरिंग सर्विस खोली हुई है। किसी एक या दो दफ्तर के अविवाहित कर्मचारियों को वे माहवारी हिसाब पर खाना बनाकर खिलाती हैं। बेहद कायदे और सफाई से बनी उनकी घरेलू रसोई की अच्छी धाक है। एक वक्त के खाने का 350 रुपये प्रति माह लेती हैं और ज्यादा से ज्यादा 20 ग्राहक स्वीकार करती हैं। उनके घर में नितान्त अनुशासनबद्ध माहौल होता है, ग्राहक उन्हें 'मौसी' कहते हैं। खाना सिर्फ साढ़े नौ बजे रात तक मिलता है। ये महिलाएँ किसी स्कूल की फटीचर टीचरी को अपना जीवन लक्ष्य मानने से इनकार करती हैं। हाँ कभी-कभार इनके कपड़ों पर हल्दी के दाग लग जाते हैं। पर उनमें परिश्रम का सौन्दर्य होता है।

समर शेष है

नेशनल बुक ट्रस्ट ने इस बार इलाहाबाद में पुस्तक मेला क्या लगाया सप्ताह भर खूब गहमा-गहमी रही। बिल्कुल दिल्ली के विश्व पुस्तक मेले की तर्ज पर रोज लोकार्पण, विचार गोष्ठी, व्याख्यान की शृंखला बनी रही। हालाँकि मौसम खिलाफ था, पुस्तक प्रेमियों ने उसकी परवाह किये बिना, खूब भीड़ जुटाई। नगर ने जता दिया कि पुस्तक-प्रेम यहाँ एक सतत जीवित परम्परा है। किताबें खूब बिकीं। छोटे से छोटे प्रकाशक बिक्री से प्रसन्न हुए। बड़े प्रकाशकों के स्टॉल पर किताबों का बिल बनवाने के लिए लाइन में लगना पड़ा। इससे यह विभ्रम भी टूटता नजर आया कि किताबें बिकती नहीं हैं। दरअसल यह कहना ज्यादा सही होगा कि किताबें अपने पाठकों तक पहुँचती नहीं हैं।

पुस्तक मेले की एक गोष्ठी में प्रसिद्ध आलोचक डॉ. रामस्वरूप चतुर्वेदी ने कहा कि बड़े स्तर की पुस्तक-खरीद को संशय और षड्यंत्र से अलग रखने के लिए उसकी खरीद समिति में महिलाओं की भागीदारी होनी चाहिए। उनका मत था कि सामान्यतः महिलायें सही और निष्पक्ष निर्णय लेती हैं, उनके रहते आर्थिक गड़बड़ी और भ्रष्टाचार की घटनायें नहीं हो सकतीं। डॉ. चतुर्वेदी का सुझाव निश्चय ही स्वागत योग्य है बशर्ते कि ऐसी समितियों में महिलाएँ केवल शोभापात्र न बनकर, निर्णायक भूमिका निभायें। अच्छी और सार्थक पुस्तकों से उनका दीर्घ, सघन और संवेदनात्मक सम्बन्ध हो।

इसी तरह अभी हाल में हुए गुजरात नरसंहार पर राष्ट्रीय मानवाधिकार आयोग की रिपोर्ट में भी सुझाव दिया गया कि 'जाँच की कार्यवाही और सुनवाई की प्रक्रिया इस तरह निरूपित की जाय जिससे दंगापीड़ितों को, विशेषकर महिलाओं और बच्चों को, जो पहले से ही सदमे की हालत में

है, शारीरिक और मानसिक तकलीफें न उठानी पड़ें। इस तरह के मामलों में संवेदनशील व सहृदय अधिकारियों को ही शामिल किया जाये। अच्छा होगा यदि महिला अधिकारियों को नियुक्त किया जाय।'

दोनों सुझाव स्वागत योग्य हैं। महिलाओं को समान प्रतिनिधित्व के अवसर मिलने ही चाहिए खासकर अब जब महिलाओं में अपनी योग्यता प्रमाणित करने की चेतना इतनी प्रबल हो गयी है। शिक्षा के क्षेत्र में प्रतिवर्ष ज़्यादा से ज़्यादा लड़कियाँ आगे आ रही हैं। लेकिन रोजगार के अवसर उन्हें कम उपलब्ध हैं। ज्यादातर वे पढ़-लिखकर अध्यापिका बन जाती हैं। डबल एम.ए. बी.एड. करने के बाद किसी कच्चे या पक्के स्कूल कॉलेज में जहाँ जिस पद पर काम मिले, वे जान लड़ा कर अपना कर्त्तव्य निभाती हैं। विश्वविद्यालयीय परीक्षा में जहाँ पुरुष कक्ष-निरीक्षक बड़े यांत्रिक और उदासीन तरीके से ड्यूटी के तीन घंटे किसी तरह से पूरे करते हैं, महिला कक्ष निरीक्षक लगातार परीक्षा-कक्ष में घूम-घूम कर अपनी सक्रिय उपस्थिति से नकल रोकने की भरसक कोशिश करती हैं। मेहनताना दोनों को समान मिलता है, सिर्फ चालीस रुपये, किन्तु महिला अध्यापक मेहनत में मनोबल मिलाकर ऐसा मजबूत फार्मूला तैयार करती है कि नकलची छात्रों के मंसूबे ध्वस्त हो जाते हैं। मैं स्वयं इसकी गवाह रही हूँ कि कैसे एक छात्र से गैस पेपर छीनने के प्रयत्न में, मेरी कलीग की कलाई पर छात्र ने कलम से ऐसा वार किया कि उसके हाथ पर तीन इंच लम्बी खरोंच पड़ गयी और चोट में खून फलफला आया। आसपास के सहयोगी निरीक्षकों ने उसे लाख समझाया क्यों बेकार दुश्मनी मोल लेती हो। नकल पकड़ना तुम्हारा नहीं उड़नदस्ते का काम है। वह नहीं मानी। उसने रिपोर्ट लिखवाई और छात्र को पुलिस थाने भेजकर ही दम लिया। इसके बरअक्स एक बार सिविल सेवा परीक्षा में एक प्रतियोगी छात्र को नकल करते जब एक पुरुष कक्ष-निरीक्षक ने पकड़ लिया तो नकलची छात्र की घुड़की पर वह इतना भयभीत हो गया कि उसने उसे नकल-सामग्री वापस दे दी और कॉलेज अधिकारियों पर मामला दबाने के लिए गिड़गिड़ाने लगा। उसने कहा, 'मेरी तीन छोटी बहनें हैं, पिता बूढ़े हैं, माँ बीमार हैं। मैं अकेला कमाऊ सदस्य हूँ। कल को यह लड़का मुझे बम मार देगा, मेरी बहन को अगवा कर लेगा।' इतनी ही नहीं परीक्षा खत्म होने पर कक्ष-निरीक्षक ने उस दबंग लड़के से माफी माँगी और कहा, 'बड़े भाई आगे से ऐसी गलती नहीं होगी।' अपने पराजित मनोबल का भरपूर प्रमाण देकर वह कक्ष-निरीक्षक, बिना किसी से नजर मिलाये घर

चला गया। अगले दिन वह काम पर नहीं आया, उसका मेडिकल प्रमाणपत्र और अवकाश आवेदन-पत्र आया कि प्रार्थी पीलिया से ग्रस्त है अतः उसे तीन सप्ताह के पूर्ण विश्राम की जरूरत है। अप्रैल, मई के महीने में, जब शहर की सड़कें अग्निपथ हो जाती हैं, सभी अध्यापिकायें निरीक्षण कार्य के लिए आती रहीं और नकल की घटनाओं से जूझती रहीं। ऐसा लगता था जैसे छात्र परीक्षा दे रहे हैं और अध्यापिकायें, अग्निपरीक्षा।

इसी सिलसिले में याद आता है 31 अक्टूबर का वह दिन जब मैं कॉलेज कार्यालय में काम में व्यस्त थी। मैं रजिस्टर से मिलान कर रही थी कि कितनी छात्राओं के परीक्षा प्रवेश पत्र आये और कितनों के नाम निरस्त हुए। तभी वह लड़का अन्दर आया। उसकी तीन बहनें कॉलेज में पढ़ती थीं जिनका परीक्षा आवेदन पत्र भरने से रह गया था। तीनों लड़कियाँ डेढ़ महीने से क्लास से अनुपस्थित थीं। मैंने उसे नियम की मजबूरी समझायी। वह नहीं समझा। उसने अपनी हैसियत बतायी। वह किसी न्यायाधीश का कथित भांजा था। मैंने फिर कहा कि विश्वविद्यालय के नियमों से मेरे हाथ बँधे हुए हैं। मैं फिर से रजिस्टर और नामावली में व्यस्त हो गयी। न्यायाधीश के कथित भाँजे ने मेज पर से काँच का भारी पेपरवेट उठाकर मेरे सिर पर दे मारा और भाग निकला। सिर से खून का फौव्वारा फूट पड़ा। सारे दिन की निष्फल भाग दौड़, एफआइआर के बाद अस्पताल में, सिर में छब्बीस टाँके लगाये गये। आठवें दिन मैं अपने मोर्चे पर वापस तैनात थी। न मुझे चिन्ता न भय। मैं क्या, सभी प्रधानाचार्या इसी तरह काम करती आयी हैं। विकट से विकट परिस्थिति में वे अकेली नेतृत्व सँभालती हैं। वे प्रशासन से कभी सुरक्षाकर्मी की माँग भी नहीं करतीं।

किन्तु हमारे समय और समाज की समस्याएँ जटिल और बहुस्तरीय हैं। स्त्रियों के एकसूत्री शौर्यप्रदर्शन और इकहरी कर्त्तव्यनिष्ठा से सभी बाधाएँ दूर नहीं होतीं। आर्थिक भ्रष्टाचार में आज समस्त सरकारी, गैर-सरकारी तंत्र इस तरह से डूब गया है कि बेईमानी मानव मूल्य बनती जा रही है और घपले-घोटाले मूलाधार। जो गिने-चुने ईमानदार डरपोक बचे हैं वे नितान्त उपेक्षित, उदास, हताश और लज्जित मुद्रा में दफ्तर के किसी तिरस्कृत विभाग में मुँह लटकाये बैठे हुए हैं। 'हम होंगे कामयाब एक दिन' गीत शायद भ्रष्टवीरों के लिए ही लिखा गया है। वे मनचाही नियुक्ति पर वर्षों चिपके रह सकते हैं, वे अपने बैंक लॉकरों में 25 करोड़ रुपये जमा कर सकते हैं, वे सारे कायदे कानून को अँगूठा दिखा सकते

हैं। दुख की बात यह है कि रविन्दर पाल सिंह सिद्धू की इन हरकतों में उसकी माँ और पत्नी भी शामिल थीं। वे इतनी नादान नहीं थीं कि उन्हें पता नहीं चला सिद्धू कैसे दौलत कमा रहा है। समय रहते अगर उन्होंने उसे फटकार लगाई होती तो शायद वह सँभल जाता।

आर्थिक भ्रष्टाचार का जब भी कोई मामला उजागर होता है, उसमें महिलाओं की सक्रिय भागीदारी भले न हो, निष्क्रिय सहमति बनी रहती है। इसके मूल में एक से अधिक कारण हो सकते हैं। वे आर्थिक रूप से कमजोर होती हैं अतः गड़बड़ी का मुखर विरोध नहीं कर पातीं। या उन्हें दूरागत भविष्य के दुष्परिणाम, निकटस्थ वर्तमान के समाधान के आगे तुच्छ लगते हैं या उन्हें स्वयं एक विलासी जीवन जीने की ललक बनी रहती है। कारण जो भी हो, महिलओं के मौन से आज भ्रष्टाचार एक संस्था बनता जा रहा है। अगर वे निश्चय कर लें कि घर में पति के वेतन के अलावा एक भी रुपये की आमद शर्मनाक और काबिले एतराज है तो पुरुष को अपने आप गलती का एहसास होगा। हर व्यक्ति यह अभियान अपने घर-परिवार से शुरू करें। तभी डॉ. रामस्वरूप चतुर्वेदी के उस सुझाव की सार्थकता सिद्ध होगी कि महिलाएँ सही और निष्पक्ष निर्णय लेती हैं तथा उनके रहते आर्थिक गड़बडी और भ्रष्टाचार की घटनाएँ नहीं हो सकतीं।

हक माँगने में हिस्से आयी हिंसा

आजादी के 58 वर्षों में स्त्री के साहस और मानसिक विकास में विस्मयकारी विस्तार हुआ है। आज की स्त्री उन सब क्षेत्रों में अपनी योग्यता आजमाने को तैयार है जिनमें प्रवेश करना ही पहले गलत ठहराया जाता था। वर्तमान स्त्री समाज को सबसे ज्यादा अपेक्षा अपने आप से है। रात ग्यारह बजे की खबरिया चैनेल लाख दिखाती रहे, कैसे काम से लौट रही नर्स का बलात्कार हो गया, ऑफिस में अकेली कार्यरत टाइपिस्ट छेड़छाड़ की शिकार हुई और महिला पुलिस को जनता ने आक्रोश में गोली मार दी, स्त्रियों की कार्य संस्कृति, कर्तव्यनिष्ठा और कर्मठता इससे कम होने वाली नहीं है। वे समय और समाज से अपना हिस्सा लेकर रहेंगी। जितना सच यह संकल्प है उतना ही सच यह तथ्य भी है कि सारी दुनिया में आज स्त्री पर अत्याचार और हिंसा की घटनाएँ बढ़ी हैं। काबुल में एक टीवी महिला कर्मी को इसीलिए गोली मार दी जाती है कि वह बुर्के के बजाय 'स्कर्ट' ब्लाउज पहन कर प्रोग्राम करती है, ढाका में एक लड़की पर इसलिए तेजाब फेंक दिया जाता है कि वह दुपट्टे से अपना चेहरा पूरा क्यों नहीं ढँकती, कोलकाता में एक लड़की को इसीलिए जहर दे दिया जाता है कि वह क्लास में लड़कों से ज्यादा नम्बर क्यों पाती है। इन घटनाओं से सवाल यही निकलता है कि लड़की अपनी इच्छा, स्वाधीनता और योग्यता का प्रकाश क्यों फैलाती है, वह दब कर क्यों नहीं रहती, खास तौर पर अपने-अपने आका के अधीन जहाँ स्त्री-पुरुष के बीच यौन सम्बन्धों की दुराशा नहीं है, वहाँ भी स्त्रियों पर सिर्फ इसलिए अत्याचार किया जा रहा है क्योंकि वह स्त्री है। लड़की अपनी इच्छा, स्वाधीनता और योग्यता का प्रकाश क्यों फैलाती है, वह दबकर क्यों नहीं रहती, खासतौर पर अपने-अपने आका के अधीन। भयावह तो यह है कि वहाँ स्त्री पुरुष के

बीच...वह स्त्री है। इसको क्या कहा जाये। पुरुष की हीनग्रन्थि या स्वामित्व बोध। सदियों की शातिर तैयारी से शैतान पुरुष समाज ने असमानता की ऐसी आचार संहिता गढ़ी है कि स्त्री को कभी शास्त्र से, कभी धर्म से, कभी इतिहास से, कभी मिथक से और कभी आख्यान से जताया गया है कि पुण्य की अधिकारी वे स्त्रियाँ ही हैं जो नेपथ्य में रहीं, आज्ञाकारिणी बनीं और जिसने पुरुष समाज की इच्छानुसार जीवन जिया। जिन स्त्रियों ने अपने दिमाग के दरवाजे कसकर बन्द कर लिये वे सुरक्षित बची रहीं लेकिन स्त्रियों की जो टुकड़ी समान स्थान, अवसर और भविष्य की दौड़ में हिस्सा लेने आगे आयी, हिंसा भी उन्हीं के हिस्से पड़ी। माया, मथुरा और कमला की दुर्गति और मैना, नयना और मधुमति की गति में कोई मौलिक अन्तर नहीं है। इन नामों में रोज इजाफा हो रहा है। मीडिया में दिये गये इनके सचित्र समाचार प्रतिदिन जैसे लाइन आफ कंट्रोल तय कर रहे हैं। लड़कियो जल्दी-जल्दी ज्यादा आगे बढ़ोगी तो तुम्हारा यही हश्र होगा। क्या करें लड़कियाँ। अपनी मस्तिष्क-कोशिकाएँ सुन्न कर लें या छोड़ दें महत्वाकांक्षी होना। जीवन के रणक्षेत्र में निकली हैं तो हर तरह की स्पर्धा और भितरघात झेलने होंगे। हालत यह है कि इस साल की आईसीएसई तथा सीबीएसई की परीक्षाओं में लड़कियों ने लड़कों से ज्यादा नम्बर और ऊँचा स्थान पाया है। रोजगार परक प्रतियोगी परीक्षाओं में भी लड़कियों के ही सितारे चमक रहे हैं। जब-जब परीक्षाफल घोषित होते हैं, लड़के मुँह लटका कर कहते हैं, हमें पता है परीक्षक लड़कियों को ज्यादा नम्बर देते हैं। इस धारणा का कोई तार्किक धरातल नहीं है न ही कोई पुष्ट प्रमाण पर पचासों वर्ष से यह बात सुनने में आती रही है। चिन्ता की बात यह भी है कि स्वस्थ सोच और न्याय स्त्री को कहीं नहीं मिल रहा। परिवार में कूपमंडूक नजरिये वालों की भरमार है। कार्य जगत में तमाशादेखू भीड़ है। पुलिस में दुःशासन हैं, न्याय में देर व अन्धेर है। कितनी अजीब सच्चाई है कि जैसे-जैसे स्त्री सचेत और सशक्त हो रही है वैसे-वैसे उसके प्रति हिंसा बढ़ रही है। कानून, विज्ञान, साहित्य, मीडिया ये सब स्त्री के पक्ष में खड़े हो सकते थे पर नहीं हो सके हैं। और तो और चिकित्सा विज्ञान आज जेण्डर वार में सबसे विनाशक भूमिका निभा रहा है। मादा भ्रूण हत्या ने समाज के स्त्री-पुरुष अनुपात को हिलाकर रख दिया है। भविष्य की माँएं स्वयं आगे बढ़कर गर्भ समाप्त करवा रही हैं। एक नकारात्मक सोच उनके अन्दर घर करता जा रहा है। जिस समाज में इतनी हिंसा, इतना यौन उत्पीड़न और इतना असमान संघर्ष है वहाँ हम

क्यों होने दें बच्चियों का जन्म।

अभी पिछले दिनों मनीष झा की फिल्म 'मातृभूमि' के जरिये नारीविहीन राष्ट्र के विषय में छपी खबरों ने इस चिन्ता को और गहरा कर दिया है कि अगर लड़कियाँ पैदा ही न हुईं तो एक दिन राष्ट्र कहाँ जायेगा, उसका स्वरूप क्या होगा, सामाजिक मूल्यों में क्या परिवर्तन आयेगा और अन्ततः परिणाम क्या होगा। फिल्म अभी भारत में प्रदर्शित नहीं हुई है पर इसके निर्माता पंकज खरबंदा की यह उक्ति विचारणीय है—'बाघ और चीतों की संख्या कम होने पर हम इतने चिन्तित हो जाते हैं पर स्त्रियाँ कम हो रही हैं और कहीं कोई चिन्ता नहीं।'

नायक तो अभी आयेगा

दिल्ली की निशा शर्मा ने अपने दहेज लोलुप दूल्हे से शादी करने के खिलाफ़ ऐसी मशाल जलाई कि अब शहर-शहर हर रोज़ एक नयी निशा पैदा हो रही है। हो सकता है निशा का साहस एक नये आन्दोलन को जन्म दे। लड़के शादी के लिए बारात लेकर जाने से घबराने लगें, उसके घर वाले मुँह फाड़ने से डरने लगें और लड़की वाले अपनी मर्जी से तय करें उन्हें शादी पर कितना खर्च करना है। जो काम दहेज निरोधी विधेयक नहीं कर पाया, जो काम बड़े से बड़ा सुधारक नहीं कर पाया वह काम एक अकेली लड़की का निर्भीक फैसला यदि कर सका तो निशा हमारे समाज में उषा बन कर चमकेगी।

बेशक वह दिन है और आज का दिन है कि रोज़ कहीं न कहीं से बारात मुँह लटका कर लौट रही है। ठीक ऐसा ही किस्सा हमारे घर के ऐन सामने घटित हुआ। शोभना ने इलाहाबाद विश्वविद्यालय से प्रथम श्रेणी में एम.ए. उत्तीर्ण किया। फिर पूरी तैयारी के साथ यू.जी.सी. का जी.आर.एफ. दिया। उसमें भी उसने प्रथम स्थान पाया। रिसर्च के लिए उसे आठ हजार रुपये मासिक मिलने लगे।

शोभना के माता-पिता को किसी मध्यस्थ ने बताया एक बहुत अच्छा रिश्ता है। लड़का आई.ए.एस. है दिल्ली में सूचना विभाग में कार्यरत है। रहने वाला जौनपुर का है परन्तु सारी शिक्षा इलाहाबाद विश्वविद्यालय में हुई है। दोनों परिवारों में बात हुई। शोभना के पिता ने दहेज की बाबत पूछा। लड़के के माँ-बाप ने हाथ जोड़ दिये, 'हमारे पास सब कुछ है। आप बस लड़की दे दें, लक्ष्मी तो अपने आप चली आयेगी।'

शोभना के इंजीनियर पिता ने बड़े ध्यान से उपहारों का चयन किया। वे कहते, 'जहाँ कुछ नहीं माँगा जाता वहाँ तय करना बड़ा मुश्किल है,

कहाँ तक तैयारी करें।' पति-पत्नी दोनों अप्रैल-मई का सूरज सिर पर बाँधे इन्तज़ाम में लगे रहे। पता-चला जून में लगन के कारण शादी-घर से लेकर पान-फूल तक का रेट इतना बढ़ा हुआ है कि बहुत हाथ खींच कर चलने पर भी दस लाख खर्च हो जायेगा। उन्होंने अपने हिस्से की थोड़ी सी जमीन बेची, भविष्य निधि से ऋण लिया और तैयारियों को अन्तिम रूप दिया। तिलक में उन्होंने ग्यारह हज़ार रुपये भेजे और लड़की के भाई ने एक बार फिर पूछ लिया, 'आपकी कोई विशेष माँग हो तो बता दें।'

लड़के के पिता ने फिर हाथ जोड़कर कहा, 'बस तीन कपड़ों में लड़की विदा कर दीजिए, हमें कुछ नहीं चाहिए।'

उनकी विनम्रता से शोभना-घर का वातावरण इतना भावुक और अभिभूत हो गया कि उन्होंने आतिथ्य का प्रबन्धन और भी दिल खोल कर कर दिया।

शोभना के सगे-सम्बन्धी सारे भारत में बिखरे हुए थे। तीन दिन पहले से उनकी छोटी सी सफेद कार बार-बार स्टेशन जाती रही, अब मामाजी को लेने जाना है, अब चाचाजी आ रहे हैं, अब गाँव से दादी बाबा आने वाले हैं।

कॉलोनी के अगल बगल के मकानों में उन्होंने कमरे माँग लिये ताकि मेहमानों को रुकने में असुविधा न हो।

शादी के दिन 17 जून को वे सब दोपहर में ही जीवनसाथी अतिथिगृह में पहुँच गये। वहीं से विवाह होना था।

शहर की मशहूर सौन्दर्य विशेषज्ञ मैरी ने शोभना का शृंगार किया। जब वह जयमाला के लिए चली, उसके पीछे चल रही, गाँव से आयी उसकी चचेरी बहनें गा रही थीं :

'चलो देखें अवधपुर जायँ सियावर कैसा बन्ना
सिया बन्नी के टीका सोहे मोर सोहे रघुनाथ
सिया बन्नी के सेंदुर सोहे चन्दन सोहे रघुनाथ।'

पता नहीं सारे शगुन उचारने में कहाँ चूक हुई या लड़केवालों पर हिन्दी फिल्मों का जरा ज़्यादा असर रहा था या लड़के ने अखबारों में प्रकाशित दहेज-दर का टेंडर पढ़ रखा था कि यकायक लड़के ने मंच पर चढ़ने से इनकार कर दिया। उसने अपने चाचा के कान में कुछ कहा, चाचा ने शोभना के चाचा के कान में कुछ कहा, शोभना के चाचा ने शोभना के पापा के कान में कुछ कहा कि इंजीनियर साहब का चेहरा फक्क। तीक्ष्ण बुद्धि की शोभना को कुछ खटक गया, उसकी बहनों ने

बियाह गाना बन्द कर दिया। शोभना के पापा ने कहा, 'हमने तो आपसे दस बार पूछा था। आपको पहले बताना था।' लड़के का पिता कह रहा था, 'आप खुद समझदार हो, आपको क्या पता नहीं था।'

सत्य जलते छप्पर की तरह घरातियों पर टूटा। लड़के ने पैंतालीस लाख नगद की माँग रखी है। आधा नगद खड़ी चोट चाहिए, आधा साल भर में इन्तजाम करें। इंजिनियर आदमी के लिए चुटकी की बात है।

इस बीच सखियाँ शोभना को मंडप से अलग बने कमरे में लिवा ले गयी थीं। बात उस कमरे तक पहुँची। शोभना की माँ सुबह से थकी, भूखी, निर्जल थी। इस वक्त रिश्तेदारों में वह भरभरा कर गिरने लगी। हिचकियों, सिसकियों के बीच उसने कहा, 'हम अपना मकान, खेत सब गिरवी रख दें तब भी पैंतालीस लाख नहीं मिलेगा।'

शोभना ने अपने सिर पर क्लिपों से बँधा लाल दुपट्टा उतार कर एक तरफ़ रखा और माँ के पास जाकर बोली, 'माँ इनसे कहो, बारात वापस ले जायें। मुझे ऐसे झूठे, कमीने और लोभी लोगों के घर नहीं जाना।'

घर की स्त्रियों ने एतराज़, लोकलाज और इज़्ज़त का थोड़ा सा कोहराम मचाया।

पर शोभना ने कमान अपने हाथ सँभाल ली।

'कहाँ हैं मेरे पापा? पापा को बुलाओ।'

पिता अपराधी की तरह उसके पास आये।

शोभना ने कहा, 'पापा आप माइक लेकर घोषित कर दें आपकी बेटी यह शादी नहीं करेगी।'

पिता ने भी इज़्ज़त जैसी कोई बात कहने की कोशिश की। शोभना ने कहा, 'मैंने कह दिया, मुझे यह रिश्ता मंजूर नहीं है। इस आदमी का लालच ज़िन्दगी भर मुझे सतायेगा। मैं कोई गाय बकरी नहीं हूँ पापा।'

सभा विसर्जित होने में मुश्किल से दस मिनट लगे। लड़के के पिता ने एक बार रेट में कुछ कटौती का प्रस्ताव किया। 'लड़के को समझायेंगे।' 'नादान है, जो मुँह में आया बोल दिया।' 'अरे आपकी लड़की है, आप सारी उमर दोगे।'

पर लड़की के घरवाले अब झाँसे में आने को तैयार नहीं थे।

इस तरह एक आई.ए.एस. अधिकारी की बारात हमारे कूचे से वापस गुज़री।

अगले दिन सबने अद्‌भुत उदारता का परिचय दिया। हालत यह थी कि अतिथिगृह अपना किराया लेने को तैयार नहीं था, बिजली वाला

रोशनी के दाम लेने को ना-नकुर कर रहा था, पड़ौसी अपना दिया हुआ शगुन वापस नहीं ले रहे थे। आदर्शवाद और भावना का ऐसा अतिरेक उपस्थित हुआ कि शोभना-परिवार बार-बार विह्वल होता रहा।

ऐसा नहीं है कि हमारा समाज अकस्मात् निर्मलहृदय बन गया है। वास्तविकता यह है कि हर किसी को निशा और शोभना की बगावत में अपनी मुक्ति का द्वार खुलता दिखाई दे रहा है।

जब लड़कियाँ तय कर लेंगी कि वे दहेज के लोभी लड़कों को नहीं वरेंगी, तभी लालची लड़कों के होश ठिकाने आयेंगे। इनकार के बाद लड़कियाँ एक कदम आगे बढ़ कर लड़के को सज़ा दिलवायें, उसके परिवार का सामूहिक बहिष्कार हो तभी सामाजिक न्याय की तुला सम पर आयेगी।

अगले दिन मैंने शोभना से पूछा, 'सच बताओ, जब तुमने बारात वापस भेजी, तुम्हें कोई पछतावा हुआ?'

'नहीं,' शोभना ने कहा, 'मैं बहुत गुस्से में थी। मेरे मम्मी-पापा का सब किया-धरा उन्होंने ज़ीरो कर दिया।'

'निशा शर्मा का नाम सुना है?' मैंने शोभना को टटोला।

'बिल्कुल सुना है, वह तो मेरी नायिका है।'

'यह सब तो ठीक है। पर तुम लोगों ने अपनी कहानियों में से नायक को तो निकाल ही दिया।'

शोभना की आँखों में शरारत छलकी, 'नायक को नहीं दीदी, खलनायक को निकाला है। नायक तो अभी आयेगा।'

बेटियाँ होती हैं गमों की पेटियाँ

टी.एस. इलियट ने अप्रैल महीने का गुणगान किया है जब स्मृति और कामना लटपट हो जाती हैं। पर मुझे लगता है सबसे अद्भुत महीना जुलाई है, जुलाई के क्या कहने!

मई जून में स्कूल, कॉलेज सोये रहते हैं। परीक्षा-परिणाम घोषित होने के साथ ही लड़के-लड़कियों की भीड़ दाखिले के लिए निकल पड़ती है, अपनी अंकतालिका हाथ में लेकर।

आकाश में तने इन्द्रधनुष में रंग कम हैं, लड़कियों के दुपट्टों में ज्यादा। तरह-तरह की पोशाकों में लड़कियाँ परिसर में बिखरी हुई ऐसी लगती हैं जैसे फूल खिले हों उपवन-उपवन। हर साल खबर छपती है परीक्षाफल में लड़कियों ने लड़कों से बाजी मारी। लड़कियाँ हर सम्भव विषय पढ़ना चाहती हैं, कोई उन्हें कमजोर न समझ ले।

इस चमक-दमक भरी भीड़ में कुछ लड़कियाँ भटकी-भटकी, सहमी-सहमी दिखाई देती हैं। मेरे मन में उथल-पुथल होती है। मैं एक को बुलाती हूँ, दो चली आती हैं।

'प्रवेश परीक्षा पास हो गयीं।'

गर्दन हिली, हाँ हो गयीं

'कौन से विषय लेने हैं?'

दोनों एक दूसरी की ओर देखती हैं। आँखों ही आँखों में बोलने से बरजती हैं।

मैं फिर जोर देती हूँ। 'डरो नहीं, बोलो।'

'जो मम्मी-पापा दिलायेंगे।'

'पढ़ना तुम्हें है, मम्मी-पापा कैसे तय करेंगे?'

मैं इनकी अंकतालिका देखती हूँ। दोनों द्वितीय श्रेणी में उत्तीर्ण हैं।

दोनों के सरनेम समान हैं।

क्या तुम बहनें हो?

गर्दन हाँ में हिलती है।

कितनी बहनें हो तुम?

तीन।

तीन सुनते ही मैं चिन्ता में डूब जाती हूँ। हमारे समाज में तीन बहनों के साथ क्या सलूक होता है, अखबार हमें बताते रहते हैं।

जिस उम्र में लड़कियाँ चिड़ियों की तरह चहकती हैं, ये लड़कियाँ आँखों में आशंका लिये गुमसुम खड़ी हैं। मैं सोचती हूँ, प्रवेश का काम पूरा होने पर एक सूची बना कर दर्ज करूँगी इनमें से कितनी लड़कियाँ तीन बहनों वाली हैं। इनके अभिभावकों को खासतौर पर संवाद के लिए बुलाना चाहिए।

अपरिचय का विंध्याचल टूटने के बाद कई लड़कियाँ खुलने लगती हैं। तंगदस्त परिवारों की लड़कियों में अपने अस्तित्व और व्यक्तित्व को लेकर गहरा अपराध-बोध है। इनके पैदा होने में इनकी कोई गलती नहीं फिर भी इनके लिए अपना होना एक बोझ है। लड़के की आस में लड़कियों की गिनती का बढ़ना रूढ़िग्रस्त परिवारों की समस्या है। शायद भ्रूण-परीक्षण, लिंग परीक्षण का व्यय-भार भी उठाने में माता-पिता असमर्थ थे और इन्हें पैदा हो जाने दिया। आरती श्रीवास्तव बताती है पिछले साल एक और बहन पैदा हो गयी थी। माँ ने उसे दूध में साबुन मिलाकर पिला दिया। थोड़े दिनों में वह मर गयी। रीता मिश्रा की छोटी बहन को जाड़ा लग कर बुखार हुआ, दो-तीन बार उसे काढ़ा पिलाया पर नहीं बची।

आजादी के पचपन साल बाद भी लड़की घर में एक बोझ समझी जाती है, एक लाख की बिल्टी, परायी धरोहर। सन् 1984 में संशोधित दहेज निरोध विधेयक के बावजूद एक तरफ विवाह से पहले आत्महत्या और दूसरी तरफ दहेज-हत्या की घटनाओं में तेजी से वृद्धि हुई है। पिछले एक वर्ष में स्त्रियों पर अत्याचार, हिंसा, आक्रमण, बलात्कार और दुष्कर्म के मामलों में इजाफा हुआ है। नेशनल क्राइम रिकार्ड ब्यूरो ने इस तथ्य को स्वीकार किया है।

सवाल यह उठता है कि परिवार और शिक्षण संस्थायें लड़कियों के मानसिक स्वास्थ्य और विकास की कितनी जिम्मेदारी वहन करती हैं। स्कूल-कॉलेजों में छात्र-संख्या बहुत बढ़ जाने के कारण शिक्षक-छात्र सम्बन्ध चरमरा गये हैं। परिवार में पिता अपनी पुत्रियों से सीमित संवाद

रखते हैं और माँ अपने दैनंदिन कार्य निपटाने में इतनी व्यस्त रहती हैं कि उसे अपनी बढ़ती हुई बच्चियों के मनोविज्ञान से कोई वास्ता नहीं रहता। लड़कियों की हिफाजत के लिए उनका मनोबल बढ़ाने का कोई प्रयत्न सायास नहीं किया जाता। ऐसी स्थिति में ही सामूहिक आत्महत्या के मामले सामने आते हैं।

जरूरत इस बात की है कि हम लड़कियों को कामचलाऊ शिक्षा की जगह वास्तविक शिक्षा प्रदान करने वाली सुविधाएँ उपलब्ध करें। छात्राओं और शिक्षिकाओं के मध्य अनौपचारिक संवाद के अवसर पैदा होने चाहिए। कॉलेजों में एक पीरियड केवल उन्मुक्त संवाद के लिए निर्धारित होना चाहिए। अध्यापकों को इस व्यवस्था को सामाजिक दायित्व मान कर सहयोग करना चाहिए। तब हमें ऐसे समाचार पढ़ने को कम मिलेंगे कि एक माँ ने अपनी तीन बेटियों के साथ कुएँ में छलाँग लगा दी या तीन बहनों ने छत की कड़ी से लटक कर एक साथ जान दे दी।

अगर हम फिर भी इस समस्या से उदासीन रहे तो वह दिन दूर नहीं जब परिवार का अर्थ होगा सिर्फ माँ-बाप और बेटे। बेटियाँ आखिर क्योंकर होंगी। जनसंख्या गणना में स्त्री-संख्या के आँकड़े लगातार गिरते जायेंगे। हो सकता है स्थिति और अधिक गम्भीर होने पर सरकार बेटी के जन्म पर बोनस का प्रोत्साहन बाँटे। मगर तब तक तो रीता राय जो पाँच बहनों में सबसे बड़ी है, अपनी कच्ची पक्की कविता में यही कहती रहेगी, 'बेटियाँ होती हैं गमों की पेटियाँ।'

स्वच्छता के प्रति जगाएँ चेतना

मन लगातार बेचैन है। कभी मौसम, कभी बिजली लिखने की मेज पर टिकने नहीं देती। हर समय आँख अखबार पर लगी रहती है और कान खबरों पर। रचना के शाश्वत प्रश्नों पर मन में सन्नाटा है। यह पहली बार हुआ है कि अखबारों ने किताबों पर विजय प्राप्त की है।

गुजरात से एक तरफ हिंसा की खबरें लगातार आ रही हैं, दूसरी तरफ राहत शिविरों में रहने वालों की बदहाली की। कुछ लोग अपने घरद्वार को लौट गये हैं पर जिनके घरद्वार ही नहीं बचे, घरवाले भी दंगों की भेंट चढ़ गये, वे लाचार वहीं पड़े हुए हैं। ज्यादा बड़ी तादाद महिलाओं, लड़कियों और बच्चों की है। शिविरों में खाना तो जैसे-तैसे नसीब हो रहा है, असली मुश्किल है नित्यकर्म की। शिविर में घुसते ही मल-मूत्र की गंध से दिमाग चकरा जाता है। जाहिर है कतार से बने दर्जन भर शौचालय और मूत्रालय इतने बड़े प्रतीक्षालय के लिए एकदम नाकाफी हैं। इसीलिए अखबारों ने इन राहत-शिविरों को यातना शिविर बताया है।

हमारा समाज, विशेष रूप से हिन्दू समाज अपनी सारी शक्ति शौच-अशौच के कर्मकांड पर लगाता है। निजी स्तर पर कुल्ला-दातुन, स्नान-ध्यान, घर की सफाई, कपड़ों की धुलाई और बर्तनों की रगड़ाई की प्रतिदिनता में अपना पराक्रम सिद्ध करते हुए हम यह कभी नहीं सोचते कि सार्वजनिक स्तर पर भी हमें स्वच्छता का यही पैमाना रखना चाहिए। गुजरात शिविरों की बात छोड़िए, अपने ही नगर की कोई बहुमंजिली इमारत देख लें जिसमें एक साथ कई सरकारी कार्यालय स्थित हैं। मलमूत्र की ठीक यही गंध आपको इलाहाबाद के इन्दिरा भवन और संगम-प्लेस में मिलेगी, लखनऊ के जवाहर-भवन में मिलेगी, कानपुर के विश्वविद्यालय भवन में मिलेगी। अगर बिजली न होने के घंटों में आप सीढ़ियों के ऊपर

जाएँ तो हर सीढ़ी के पड़ाव पर दीवार का कोना पान की पीक से रँगा मिलेगा।

इससे भी बढ़कर सफाई के नियमों की धज्जियाँ अगर कहीं उड़ायी जाती हैं तो नगर-कस्बों के बालिका विद्यालयों में। मुट्ठी भर लड़कियों से शुरू किया गया विद्यालय धीरे-धीरे, छात्र संख्या की दृष्टि से विशाल बन जाता है पर वहाँ पीने के पानी और बाथरूम की संख्या वही रहती है जो प्रारम्भ में थी। दो हजार लड़कियों के लिए सिर्फ चार नल और दो बाथरूम पर्याप्त समझे जाते हैं। विद्यालय का पुरुष-वर्ग तो बाहर कुछ दूर पर बने एक खुले स्थान पर, मुँह घुमा के निवृत्त हो लेता है। असली मुसीबत लड़कियों और महिलाओं की होती है। कहीं-कहीं प्राचार्या अपने लिए एक बाथरूम बनवा लेती है और उस पर गोदरेज का छोटा ताला लगाकर चाभी अपने पर्स में डाल लेती है, गोया वहाँ कोई खजाना छिपा हो। शेष अध्यापिकाओं के लिए, स्कूल-भवन से हट कर, झाड़-झंखाड़ के बीच एक अधबनी कोठरी को बाथरूम का पदनाम दे दिया जाता है। वहाँ प्लास्टिक की एक गन्दी बाल्टी और तिड़का हुआ मग पड़ा रहता है। बिना टोंटी का एक नल होता है जिसके मुँह में कपड़ा ठुँसा रहता है। मुझे याद है जब मैंने अपने कॉलेज प्रबन्धक से बाथरूम की जरूरत बतलायी तो वह बहुत बिगड़े। उन्हें लगा कि उन्हें जानबूझ कर खर्च और झमेले में फँसाया जा रहा है। नया बाथरूम बनाने का मतलब होगा हजारों का खर्च। उन्होंने उसी वक्त फटकार लगायी, 'टीचरों को बार-बार बाथरूम जाने की जरूरत क्या है। कह दो, सब घर से करके आया करें।'

मैंने उन्हें समझाने का प्रयास किया, 'बाबूजी, महिलाओं को दस तरह की परेशानियाँ होती हैं, बाथरूम तो अनिवार्यतः होना ही चाहिए।'

प्रबन्धक ने कहा, 'सब के गुप्त रोगों का जिम्मा हमारा नहीं है। अगर सब मन लगाकर पढ़ायें तो बाथरूम जाने का विचार ही न आये। चालीस बरस हो गये हमें कचहरी जाते। हमने कभी नहीं देखा वहाँ बाथरूम कहाँ है, कैसा है।' राष्ट्रीय सेवा योजना के कार्यक्रमों में हम लोग गाँवों में जाकर भाषण पिला आते हैं कि लड़कियों को स्कूल-कॉलेज में पढ़ाओ, इसी से उनका विकास होगा और देश आगे बढ़ेगा। हम भूल जाते हैं कि सिर्फ अध्यापक को खड़े कर देने से शिक्षा का कार्य शुरू नहीं हो जाता। सारा परिवेश लड़कियों की न्यूनतम आवश्यकताओं की पूर्ति करे, तभी शिक्षा का रूप-स्वरूप बनता है।

स्वच्छता की व्यवस्था दिन-ब-दिन चरमराती जा रही है और हम इसकी ओर से उदासीन होते जा रहे हैं। मुझे लगता है महिलाओं को इसकी कमान सँभाल लेनी चाहिए। इसके लिए महज यह नहीं कि सब झाड़ू लेकर निकल पड़ें बल्कि यह कि लोगों में स्वच्छता के प्रति चेतना पैदा करें। शुरुआत वे अपने पड़ोस से करें, धीरे-धीरे यह एक अभियान का दर्जा ले लेगा।

फूलन

आज सब चमकते चेहरों से एक-दूसरे को देख रहे हैं। अलमारी से झकाझक खादी के कड़क कुर्ते पजामे निकाल कर सुसज्जित हो रहे हैं, अपने आकाओं के फरमान का इन्तजार कर रहे हैं। नहीं तो हर दल के दसियों दल थे। घपले-घोटाले थे, मटके-हवाले थे।

बड़ी मुश्किल से राजनीति के हाथ एक लाश लगी है, एकदम बढ़िया प्रॉडक्ट है। लाश औरत की है जो दलित भी थी और पद-दलित भी। बीसियों बार वह बलत्कृत हुई, बीसियों बार अन्य अमानुषिक तरीकों से सतायी गयी। दसियों वर्ष वह जेल में सड़ी, गम्भीर बीमारियों से ग्रस्त हुई, कभी दम ठोक कर लड़ी, कभी हौसला-पस्त हुई। गलत आदमी से ब्याही गयी, औने-पौने निबाही गयी। तीन बार विवाह हुआ, तीनों बार बरबाद हुई।

आप ठीक समझे। फूलनदेवी की हत्या ने मानवगत व्यवहार के समस्त तटबन्ध तोड़ डाले हैं। राजनीतिज्ञों के चमकते चेहरे देख कर लगता है उनके बगीचे में कोई फूल खिला है। पति उम्मेदसिंह के आँसू और घुटा सिर देख कर लगता है यह दुख उसे फला है। टी.वी. के सभी चैनलों पर उमा कश्यप का रोता हुआ चेहरा दो दिन तक दिखाया जाता रहा। अब जानकारी मिलती है कि इस एकलव्य सेना की अध्यक्ष उमा कश्यप से भी हत्या की बाबत पूछताछ चल रही है। फूलन की माँ मूला देवी और बहन मुन्नी देवी की चीख पुकार सुनने की फुर्सत किसी को नहीं है। कहीं ऐसा न हो चिता की आग ठंड़ी पड़ जाय और राजनीति की दाल गलने से रह जाय। कल नहीं तो परसों चुनाव हैं। मुख्यमंत्री ने दलितों में भी दलित का मुद्दा उठा कर दलित प्रश्न से विपक्ष का वर्चस्व समाप्त कर दिया है, बसपा में मायावती की तानाशाही से पार्टीजन बिखर

रहे हैं। स्थितियाँ तो ऐसी बन रही हैं कि फूलन देवी हत्याकांड की गुत्थी चुनाव तक उलझी ही रही आयेगी और इसे गुलेल की तरह, पक्ष-विपक्ष दोनों निशाना बनायेंगे। फूलन रोज मरती रहेगी।

44 अशोक रोड पर फूलन देवी के चौथे की रस्म आयोजित हुई। एक मेज़ पर फूलन देवी की तस्वीर पर फूलमाला चढ़ी हुई थी। उसके पति उम्मेदसिंह आने वालों की संवेदनायें स्वीकार कर रहे थे। पत्रकारों के प्रश्नों पर उन्होंने जो उत्तर दिये, उनसे फूलन देवी के रिश्तेदारों का गुस्सा भड़क गया। उम्मेद के घरवाले भी बहस करने लगे। खासा कीचड़-उछाल मैच शुरू हो गया। श्रद्धांजलि-आयोजन कलहांजलि-आयोजन में बदल गया। फूलन देवी की बहन मुन्नी ने चिल्ला कर कहा, ये (उम्मेद) जो भी कह रहे हैं, एकदम झूठ है। इन्होंने कभी मेरी बहन को प्रेम नहीं दिया। हर समय मार-पीट लड़ाई-झगड़ा रहता था दोनों में।

अगर यह सच है तो तीन असफल विवाह झेल चुकी फूलनदेवी अन्ततः बड़ी एकाकी रही होगी। मूवर्स एंड शेकर्स प्रोग्राम में उसने शेखर सुमन से कहा, क्या तो हमारी उम्र थी उस वक्त। बहुत छोटे थे जब पहली शादी हुई।

आज उसके तीनों शौहर उसकी छोड़ी गयी सम्पत्ति में अपना हक जता रहे हैं। पहले पति पुत्तीलाल का कहना है कि फूलन ने उससे तलाक लिये बगैर बाकी शादियाँ की थीं इसलिए वे शादियाँ गैरकानूनी हैं। विडम्बना यह कि खुद पुत्तीलाल ने आराम से दूसरी शादी से पाँच बच्चे पैदा कर लिये हैं। दूसरा पति मानसिंह यादव ग्वालियर जेल में बन्द है। जेल में ही उसे फूलनदेवी की हत्या का समाचार मिला। उसका कहना है कि फूलनदेवी को अपराध की दुनिया से निकालने और आत्मसमर्पण करवाने में उसका सक्रिय योगदान था। इसी से प्रभावित हो फूलन ने जेल से बाहर आकर मानसिंह से शादी की थी। 1995 में फूलन ने उम्मेदसिंह से शादी की। फूलन देवी की वकील कामिनी जायसवाल के अनुसार एक ही साल बाद 1996 में फूलन-उम्मेद के रिश्तों में दरार पड़ गयी और 1999 तक आते-आते दोनों ने परस्पर सहमति के आधार पर तलाक लेने का मन बना लिया था लेकिन उम्मेद के पेश न होने की वजह से छह माह बाद खारिज हो गया। वकील का यह भी कहना है कि फूलन को पति द्वारा इस बात के लिए प्रताड़ित किया गया कि वह तलाक क्यों चाहती है। तंग आकर फूलन अलग से अपनी वकील से मिली। वह चाहती थी कि उम्मेद को उसकी सम्पत्ति का कोई हिस्सा न मिले। कामिनी का कहना

है कि फूलन को अपनी वसीयत करने का मौका नहीं मिला, इससे पहले ही वह मौत के घाट उतार दी गयी।

गृहनीति से लेकर राजनीति तक के क्षेत्र में फूलन जिस तरह छली गयी उससे यही लगता है कि उसने होशियारी के सिवा और सब कुछ सीखा। एकदम मुँहफट औरत। दो टूक बात कहते हुए कभी यह भी नहीं सोचा कि इससे उसका फायदा होगा या नुकसान। हृदय से निश्छल। मीडिया ने उसकी व्यथा-कथा दुनिया को बतलाई। उसने मीडिया को भी नहीं बख्शा। उसे दस्यु-सुन्दरी शब्द पर एतराज़ था। उसने कहा, 'रिश्तेदारों के सिखाये में चार आदमी हमें पकड़ कर ले गये, हम कोई डाकू वाकू नहीं थे।' मोहर सिंह का कहना है कि उसे तो ठीक से बन्दूक पकड़नी भी नहीं आती थी, वह क्या मारती बाईस आदमियों को। लेकिन किस्सा उसके नाम से चल निकला और खूब चला।

मुझे महसूस होता है कि फूलनदेवी की समस्त त्रासदी के पीछे उसका प्रेम-विहीन जीवन ही कारण है। गरीबी और पिछड़ेपन, अशिक्षा और प्रताड़ना में बचपन बीता। अपने ताऊ के खेत से दो मुट्ठी हरा चना उपाड़ने पर उसकी भीषण पिटाई हुई। तभी से उसमें बगावत के बीज पड़ गये। जबरदस्ती बेमेल शादी कर दी गयी। पति की अमानुषिकता से घबरा कर मायके आयी। वहाँ भी सुरक्षा नहीं मिली। उसी के चेचेरे भाई ने पैसों के लालच में उसे अगवा कर दिया। अपराधियों की चंगुल में फूलन फँसी, सामूहिक बलात्कार का शिकार हुई, इस हाथ से उस हाथ किसी वस्तु की तरह उसका विनिमय हुआ। विधिवत आत्मसमर्पण के बाद भी उसने लम्बा समय जेल में काटा। अभी भी उसके सिर पर अनेक मुकदमे थे। न्याय-संहिता की गर्वोक्ति है कि अपराधी को सुधरने का मौका दिया जाय। लेकिन फूलन जब चैन की जिन्दगी जीना चाहती थी, तब भी उसे यह मोहलत नहीं मिली। सांसद होने के बाद भी उसका अतीत कभी चटपटे किस्से की शक्ल में तो कभी अटपटी फाइल के रूप में उसे पीड़ित करता रहा। विचित्र यह कि जनता ने उसे एक शोषित स्त्री के रूप में देखा और सहानुभूति स्वरूप उसे चुनाव जिताया। लेकिन राजनीतिक दलों ने केवल अपने स्वार्थ भर उसका साथ दिया।

फूलन देवी की सादगी उसकी अटपटी अभिव्यक्ति में झलकती थी। शेखर सुमन ने उससे पूछा, 'पिछले दिनों आपको नोबेल-सम्मान देने की चर्चा चली थी। आपको क्या लगता है यह पुरस्कार आपको मिलना चाहिए।'

फूलन देवी ने तपाक से उतार दिया, 'बिल्कुल मिलना चाहिए। हम इतनी मुसीबतों से निकल कर यहाँ तक पहुँची हूँ, क्यों नहीं मिले, जरूर मिले।'

फूलन की हत्या में नित नये पेंच सामने आयेंगे पर इससे इस सत्य में कोई फाँक नहीं पड़नी चाहिए कि स्त्री के संघर्ष और साहस की अपराजेय गाथा है फूलन का जीवन।

महिलाएँ रचेंगी नया इतिहास

हमारे भारतीय गणतन्त्र में स्त्री को पर्याप्त प्रतिनिधित्व और अधिकार न मिलने वाली बात अकसर कही जाती है। लेकिन इस शिकायत से पहले हमें आभास होना चाहिए कि स्वतंत्रता के बाद 1950 में जब गणतंत्र की स्थापना हुई तो सभी नागरिकों को समान अधिकार मिले थे। उसमें स्त्री या पुरुष का भेदभाव नहीं किया गया था। आज हर नागरिक को चाहे वह किसी धर्म, जाति, वर्ग या लिंग का हो, उसे अभिव्यक्ति की स्वतन्त्रता का अधिकार है, उसे भय मुक्त होकर जीने का अधिकार है, सरकार से अन्याय का विरोध करने का अधिकार है, अपनी मान्यताओं और इच्छा के अनुसार जीने का अधिकार है।

महिलाएँ समझें अपनी भूमिका और अधिकार

गणतन्त्र ने हर नागरिक को आत्मविश्वास दिया है। बल्कि मुझे लगता है कि भारतीय गणतन्त्र में जितने अधिकार नागरिकों को दिये गये हैं, उतने दूसरे अन्य देशों में नहीं हैं। अब अगर हम केवल स्त्री की बात करें तो वोट देने का अधिकार उसे गणतन्त्र स्थापित होने के समय ही मिल गया था। जबकि विश्व के कई देशों में उसे ये अधिकार बहुत बाद में मिला। स्त्री के उत्पीड़न और शोषण को रोकने के लिए भी ढेरों कानून मौजूद हैं। कुछ वर्ष पहले तो पंचायती राज में भी उसे आरक्षण दे दिया है। यानी, देश की गणतांत्रिक व्यवस्था ने हमेशा से ही महिलाओं को मुख्यधारा से जोड़ने के लिए उन्हें प्र्याप्त अधिकार और प्रतिनिधित्व देने का प्रयास किया है। अब जरूरत इस बात की है कि महिलाएँ स्वयं गणतन्त्र में अपने अधिकार और भूमिका को समझें। अकसर वे राजनीति को निषिद्ध क्षेत्र मानती हैं। इसलिए इस ओर कम ही रुख करती हैं। उन्हें स्वयं सक्रिय होना होगा। इस दृष्टि से संसद में महिलाओं का आरक्षण बड़ा और प्रभावी कदम

साबित हो सकता है। लेकिन दुख का विषय है कि अभी भी यह बिल पास नहीं हो पाया है। महिलाओं में एक मनोवैज्ञानिक ग्रंथिभी है

महिलाओं की राजनीति से दूरी बनाये रखने और स्वयं को संकुचित रखने के लिए उनकी मानसिकता जिम्मेदार है। यह एक मनोवैज्ञानिक ग्रंथि की तरह है। दरअसल, हमारे समाज में सदियों से पुरुषों का वर्चस्व रहा है। वो नहीं चाहता कि सत्ता, परिवार, समाज में महिलाओं को उनके बराबर अधिकार मिले। इसलिए उन्हें छोटे-छोटे निर्णय घर की चारदीवारी में रहकर लेने का हक तो वह देता है लेकिन बड़े निर्णय स्वयं लेता है। दूसरी तरफ महिलाओं की मूल प्रवृत्ति प्रायः शान्तिप्रिय होती है। वे हमेशा विद्रोह, विरोध कर अपना पारिवारिक-सामाजिक जीवन अस्त-व्यस्त नहीं करना चाहतीं। वे चाहतीं हैं कि अगर बड़े निर्णयों से पुरुष का अहं तुष्ट हो सकता है, वो खुश रहता है तो उसे रहने दो। वे परिवार में शान्ति चाहती हैं। समाज की यह पुरुषवादी सोच गलत है। उसे अपनी मानसिकता बदलनी चाहिए। स्त्री को भी समाज, परिवार और देश का एक नागरिक माना जाना चाहिए। इसके लिए पुरुषों के सहयोग के साथ ही स्वयं महिलाओं को भी प्रयास करना होगा। हालाँकि ऐसा नहीं है कि महिलाएँ इस दिशा में बिल्कुल निष्क्रिय हैं। शहरी इलाकों में पढ़ी-लिखी और कामकाजी महिलाएँ अपने अधिकारों और भूमिका के प्रति सजग हो रही हैं। गाँवों में भी भले ही अभी पंचायतों में अधिकतर जगह महिलाओं के नाम पर उनके पति ही सब करते हैं, लेकिन ऐसा नहीं है कि महिलाएँ ये सब देखती या समझती नहीं हैं। कहने का अर्थ यह है कि गाँव से लेकर शहर तक और प्रोफेशनल्स से लेकर गृहिणियों तक की सोच लगातार बदल रही है।

संक्रमण काल से गुजर रहे हैं हम

हम एक संक्रमण काल से गुजर रहे हैं। ऐसे में किसी प्रकार की निराशा की बात नहीं है। मैं पूरी तरह आश्वस्त हूँ कि घर, परिवार, गाँव, समाज सभी स्तरों पर स्थितियाँ बदलेंगी। महिलाएँ आगे आएँगी। वे अपनी भूमिका को पहचानेंगी और गणतंत्र में, देश की राजनीति में सक्रिय भूमिका निभाएँगी। यानी भारतीय गणतन्त्र के भविष्य की तस्वीर बहुत उज्ज्वल है। यहाँ हमें इस बात का भी ध्यान रखना होगा कि इतिहास या समाज को बदलने में वक्त लगता है। अभी तो देश में गणतन्त्र लागू हुए 62 वर्ष ही हुए हैं। ऐतिहासिक बदलाव के लिए तो 100 वर्ष की अवधि भी कम समझी जाती है। इसलिए धीरज के साथ इस दिशा में प्रयास किये जाने की जरूरत है।

जरूरी है अपने स्तर पर प्रयास

गणतन्त्र में महिलाओं की सशक्त और प्रभावी भूमिका को निर्धारित करने के लिए केवल उन्हें ही नहीं बल्कि पुरुषों को भी सहयोग देना होगा। हालाँकि पिछले कुछ वर्षों में पुरुषों और विशेषकर युवकों की सोच में बहुत परिवर्तन आया है। आज के दौर के पुरुष यथार्थवादी हो रहे हैं। उनकी सोच विकसित हो रही है, उन्हें इस बात का अहसास हो चुका है कि बेहतर समाज, सशक्त गणतन्त्र और विकसित देश के निर्माण में महिलाओं की भी बराबर भागीदारी जरूरी है। हाँ, ये जरूर है कि अभी यह सोच पूरी तरह नही बदली है। लेकिन जल्द ही इसमें भी परिवर्तन आयेगा। महिलाओं को स्वयं भी इसके लिए कदम आगे बढ़ाना होगा। जिस समाज में हमेशा से स्त्री से जुड़े समीकरण पुरुषों के हाथ में रहे हैं, वहाँ पुरुष स्वयं आगे बढ़कर उन्हें उनके अधिकार देगा, इसकी अपेक्षा करना ठीक नहीं है। इसलिए महिलाओं को हर स्तर पर अपनी बात मुखर होकर कहनी चाहिए। जहाँ भी उसे लगे कि कुछ गलत हो रहा है, वहाँ असहमति जरूर दर्ज करें। स्वयं संगठित होकर आगे आयें। शिक्षा को अपनी शक्ति के रूप में इस्तेमाल करें, क्योंकि इसी से उनमें जागरूकता आयेगी और अपने कर्तव्यों के प्रति बोध जागेगा। कहने का मतलब है कि स्त्री को अपनी भूमिका बढ़ाने के लिए केवल दूसरों का मुख नहीं देखना चाहिए। सरकार, अपना काम कर रही है। समाज में बदलाव हो रहे हैं। पुरुषों की मानसिकता भी बदल रही है, लेकिन यह बदलाव गति तभी पकड़ेगा, उसका प्रभाव तभी दिखेगा, जब महिलाएँ स्वयं अपने स्तर पर भी प्रयास करेंगी।

दुखड़ा नहीं रोयेंगी

हिन्दी में खासकर कथा कहानी के इलाके में लिखते हुए स्त्रियों को सौ साल से ज़्यादा हो गये। जो चिनगारी बंग महिला ने लगाई थी, उसने वनाग्नि का आकार-प्रकार ले लिया। यह स्त्रियों की प्रकृति है। वे जिस भी काम में लगती हैं उसे आन्दोलन का रूप दे देती हैं। ज़ाहिर सी बात है जिस काम में वे अपनी इतनी ऊर्जा, समय और स्याही लगा रही हैं उसका लेखा-जोखा भी वे समय-समाज से माँगेंगी। अब वे अज्ञेय और अज्ञात रहकर सन्तुष्ट नहीं, वे ज्ञेय और ज्ञात रहना चाहती हैं, अगर ज्ञात हैं तो ख्यात होना चाहती हैं, कुख्यात नहीं, विख्यात। मैत्रेयी की चिन्ता है कि उन्हें अपने हिस्से की धूप नहीं मिलती। जबकि उन्हें पता होना चाहिए इतने नाम के बाद भी अगर उन्हें और नाम की अभिलाषा है तो कहानी-उपन्यास लिखने की जगह उन्हें काजल-मंजन बनाकर बेचना पड़ेगा।

अभी कुछ वर्ष पूर्व तक महिला-लेखन कोष्ठक में बन्द एक पूरक कर्म माना जाता था अथवा शोभा की वस्तु। जहाँ दस लेखकों की रचनायें संकलित होतीं, एक महिला रचनाकार भी सम्मिलित कर ली जाती। सरोकार के आँकड़े पूरे हो जाते। आज महिला-लेखन पर अलग से गोष्ठियाँ और सेमिनार आयोजित होते हैं। पत्र-पत्रिकायें महिला-लेखन विशेषांक निकाल कर पुनर्जीवन प्राप्त करती हैं। विमेन्स स्टडीज़ विश्वविद्यालयों का एक अलग विषय बन गया है। जगह-जगह विद्यार्थी महिला रचनाकारों के कृतित्व पर शोध कार्य में संलग्न हैं। यह हक और दर्जा पाने के लिए महिला रचनाकारों ने अथक परिश्रम और निरन्तर साधना की है। महिला-लेखन की ज़मीन तैयार होने में लाखों अनाम स्त्री-रचनाकारों की मेधा लगी है जिनमें बहुत बड़ी संख्या उनकी भी है जिन्होंने लिख-लिखकर अपना साहित्य कॉपियों में दबा दिया, खुद भी कभी दुबारा निकालकर नहीं देखा

कि कहीं शब्द की यह मौन सम्पदा उनसे छिन न जाये।

बीसवीं शताब्दी में हम गुलाम मुल्क की जगह आज़ाद मुल्क के नागरिक बने। महात्मा गाँधी के स्वाधीनता-संघर्ष ने स्त्रियों के अन्दर विलक्षण आत्मविश्वास और साहस का संचार किया। पिछले पचास वर्षों ने हिन्दी को पचास से भी अधिक महत्त्वपूर्ण महिला रचनाकार दीं जिनमें महादेवी वर्मा, सुभद्रा कुमारी चौहान, चन्द्र किरण सोनरिक्सा, कृष्णा सोबती, मन्नू भण्डारी, उषा प्रियंवदा, मंजुल भगत, मृदुला गर्ग, चित्रा मुद्‌गल, मृणाल पाण्डेय, नमिता सिंह, नासिरा शर्मा, अलका सरावगी, मधु कांकरिया, गीतांजलिश्री, दीपक शर्मा, पद्‌मा सचदेव, मीरा कान्त, चन्द्रकान्ता, राजी सेठ, सूर्यबाला और सुधा अरोड़ा ने अपनी स्वतन्त्र छवि बनायी है। इनकी मौलिकता पर कोई शंका नहीं की जा सकती।

कथा संसार में महिला रचनाकार की घनघोर उपस्थिति के बावजूद उसका मूल्यांकन कभी गम्भीरतापूर्वक नहीं किया गया। आलोचकों का कोई विस्तृत अध्ययन उस तरह सामने नहीं आया जिस तरह निर्मल वर्मा पर नामवर सिंह का काम सामने आया। गम्भीर लेखिकाओं पर भी आलोचक चुप्पी साधे रहते हैं, यह उनकी सीमा है या सिद्धान्त, यह तो समय ही बतायेगा। परमानन्द श्रीवास्तव और निर्मला जैन ने मूल्यांकन की दिशा में कुछ कार्य किया है पर उतना अपर्याप्त है। मूल्यांकन का मसला आरक्षण के मसले की तरह ठंडे बस्ते में ही पड़ा हुआ है। दरअसल हिन्दी के पेशेवर आलोचक की रणनीति और राजनीति महिला लेखन को मुख्यधारा का अविभाज्य अंग मानने से सशंकित हो उठती है। स्त्री रचनाकारों की रचनाओं ने अपनी सहजता, सरसता और आत्मीयता से एक विशाल पाठक वर्ग तैयार किया है, यह कोई कम बड़ा योगदान नहीं है। इस पुस्तक-विमुख समय में लेखिकायें ही हैं जो अपने आपको पढ़वा ले जाती हैं। आज की सजग रचनाकार अपने आपको नायिका अथवा प्रतिनायिका की तरह नहीं वरन् एक स्वतन्त्र और समान सरोकार की जिम्मेदार नागरिक की तरह देखा जाना पसन्द करती है। हर तरह के विषय को वह अपनी तीव्रता और तन्मयता से परिभाषित करना चाहती है।

चित्रा मुद्‌गल के उपन्यास 'आवां' की नायिका नमिता पाण्डेय हर तरह के असमान सोच के खिलाफ़ तन कर खड़ी होती है। वह पुरुष-प्रिया बनने की अपेक्षा एकाकी रहना पसन्द करती है। अन्ततः उसे पिछड़े वर्ग का पंवार स्वीकार है क्योंकि वह उसे समझता है। नारी अस्तित्व और अस्मिता के संघर्ष का आवेगपूर्ण आलेख है आवां।

इसी तरह पद्मा सचदेव ने अपनी आत्मकथा बूँदबावड़ी में इस धड़ल्ले से अपने घटनापूर्ण जीवन के विषय में बेबाकबयानी की है कि यह सहज ही हिन्दी की सर्वश्रेष्ठ आत्मकथा कही जा सकती है। मृदुला गर्ग का नवीनतम उपन्यास 'मिलजुल मन' भाषा का नया विन्यास लेकर आया है कुछ इस तरह कि कहने को जी चाहता है 'कहते हैं कि मृदुला का है अन्दाज़े बयां और।'

मधु कांकरिया के दो उपन्यास 'पत्ताखोर' और 'सेज पर संस्कृत' का विषय चयन इतना बोल्ड है और कथ्य-निर्वाह इतना प्रामाणिक कि रचनाकार के कला-कौशल पर विस्मय होता है। स्त्री रचनाकारों की न जाने कितनी रचनायें प्रकाशस्तम्भ की तरह साहित्य के सागर में खड़ी हैं। ज़रा पहले लिखी गयी मन्नू भंडारी की रचना 'महाभोज', नासिरा का उपन्यास 'जिन्दा मुहावरे', अलका सरावगी का 'कलिकथा वाया बाइपास' गीतांजलिश्री का 'हमारा शहर उस बरस' और मीराकान्त का 'उर्फ हिटलर' ऐसी कृतियाँ हैं जो किसी और भाषा में लिखी गयी होतीं तो सर्वोच्च सम्मान की अधिकारी होतीं।

इस सबके बावजूद हम ठहरेंगे नहीं, दुखड़ा नहीं रोयेंगे, आलोचकों का इन्तजार नहीं करेंगे, हमें अपने बीच से ही अपने नामवर पैदा करने होंगे।

चाकर नहीं हैं वे

देस क्या, परदेस क्या, महिलायें अपनी घरेलू सेविकाओं की वजह से पकड़-धकड़ की शिकार हो रही हैं। किसी की जामा तलाशी ली जा रही है, कोई जेल काट रही है। जहाँ तक इसके पीछे वंचित व शोषित वर्ग के संरक्षण व सुरक्षा का मकसद है वहाँ तक यह कार्यवाही एकदम उचित है। किसी जागृति सिंह को यह हक नहीं मिल जाता कि वह अपनी सेविका को पीट-पीटकर उसके प्राण निकाल दे। राजनयिक देवयानी खोब्रागडे का मामला ज्यादा पेचीदा है। वहाँ गुनाह कम इल्जाम ज्यादा है। देवयानी उच्च पदस्थ राजनयिक हैं, वीजा सम्बन्धी प्रपत्रों की अहमियत उनसे ज्यादा कौन समझ सकता है। ऐसे में उनके ऊपर अपनी सेविका संगीता रिचर्ड के वीजा प्रपत्रों की गड़बड़ी का आरोप गले नहीं उतरता। इसी के साथ अमेरिका ने कहा कि उन्होंने अपनी सेविका को कम वेतन देकर अमेरिकी कानून का उल्लंघन किया। संगीता को घरेलू काम के लिए प्रतिमाह 30,000 रुपये तनख्वाह मिल रही थी। इसके साथ-साथ उसे आवास, भोजन, जीवन बीमा, मेडिकल सेवा आदि की सुविधा भी उपलब्ध थी। इतना वेतन भारतवर्ष में कॉलेज में पढ़ाने वाले प्रवक्ता का होता है। उत्तर प्रदेश के कई प्राइवेट कॉलेजों में तो समस्त शिक्षकों का संयुक्त वेतन भी 30,000 नहीं होता। लगता है हमारी राजनयिक पर कोई खुफ़िया साजिश रची गयी है। उसकी सेविका जाने-अनजाने किसी का मोहरा बन गयी है।

अमेरिका और अन्य पश्चिमी देशों को इस बात की खबर नहीं कि हमारे देश और समाज में युगों-युगों से सेवा लेने वाले और सेवा देने वाले के बीच का सम्बन्ध हमेशा सेवक-स्वामी का नहीं होता। इस सम्बन्ध में एक गहरी मानवता भी होती है। दोनों एक-दूसरे के दुःख-सुख से बँधे

रहते हैं। अपनी आदर्श परिणति में स्वामी संरक्षक बन जाता है तो सेवक सखा-सहचर। बांग्ला साहिज्य सज्जन, कर्तव्यनिष्ठ और सत्यनिष्ठ सेवकों से ठसाठस भरा हुआ है। रवीन्द्रनाथ ठाकुर की कहानियाँ और उपन्यासों में विमूढ़ और विचलित नायकों को सेवक ही सहारा देते हैं। शरतचन्द्र की रचनाओं में भी नायक के पछाँह जाते समय एक वफादार सेवक नाव में जरूर होता है जो अपने स्वामी की भूख-प्यास और नींद की चिन्ता में स्वयं जागता रहता है। आधुनिक समय में बेबी हालदार ने अपनी आत्मकथा 'आलो आंधारि' में कृतज्ञतापूर्वक जतलाया है कि कैसे उसके पुनर्वास में उसके मालिक प्रबोध कुमार का सक्रिय सहयोग रहा। भीष्म साहनी का उपन्यास 'बसन्ती', मंजुल भगत का 'अनारो' और कृष्णबलदेव वैद का 'एक नौकरानी की डायरी' प्रसिद्ध रचनायें हैं जिनमें सेविकाओं के प्रति गहन मानवता का परिचय मिलता है। बांग्ला की प्रसिद्ध कहानियाँ 'बिन्दो का लल्ला' और 'लल्लू का लौटना' नौकरों की अप्रतिम स्वामिभक्ति दिखाती हैं। इनसे भी ऊपर पन्ना धाय का आख्यान दर्ज है।

साहित्य लाख यथार्थवादी हो, कई बार यथार्थ उसकी पकड़ के परे चला जाता है। समय आज ज़्यादा जटिल है। समाज में आर्थिक दबाव और अधूरी इच्छाओं ने व्यक्तिमन के संकटों को पेचीदा बनाया है। यह कहना आसान नहीं है कि कब सेवक ही संहारक हो जाये। ऐसे अनेक उदाहरण मिलते हैं कि पाँच दिन पहले काम पर रखे गये घरेलू सेवक ने मालिक के घर में चोरी को अंजाम दिया अथवा उसकी हत्या करवा दी। बच्चे का अपहरण, लूट, जानलेवा हमले जैसे तमाम खतरे घरेलू सेवा के साथ नत्थी हैं जिन्हें आप स्थगित कर सकते हैं, नेस्तनाबूद नहीं। बढ़ती उम्र में जब शारीरिक ऊर्जा घटने लगती है, घर में सेवक या सेविका रखना अनिवार्य हो जाता है। पुलिस पंजीकरण की सीमित उपयोगिता होती है। ऐसे में आप हर बार भरोसा करने और धोखा खाने के लिए अभिशप्त हैं।

सेवकों की नजर से देखा जाये तो सेवा लेने वाले अब बहुत घाघ हो गये हैं। उनका खयाल है कि मालिक गिद्ध की तरह अपने डैने फैलाते हैं। शुरू में सिर्फ घर के कामकाज की बात ठहरा कर सेवक को तीन हजार की तनख्वाह पर रख लेते हैं। महीने भर में उसे कार चलाने की शौकिया ट्रैनिंग देकर ड्राइविंग का काम भी उसके ऊपर लाद देते हैं। जब वह मालिक को कार में ड्राइव कर शो रूम तक पहुँचाता है तो वहाँ उससे चपरासी का काम लेते रहते हैं और शाम को कार में वापस आकर घरेलू

कामों में झोंक देते हैं। दिल्ली में हर बस्ती के सेवक की यही कहानी है। जब सेवक काम छोड़ने की धमकी दे तब उसकी तनख्वाह पाँच सौ रुपये बढ़ा देते हैं। इसलिए पूर्णकालिक सेवक हमेशा नाराज और नाखुश दिखायी देते हैं। उनका शोषण करने में स्त्रियाँ पुरुषों से चार कदम आगे हैं।

इनके बरअक्स घर-घर जाकर बर्तन-झाड़ू-पोंछा करने वाली सेविकायें ज्यादा मजे में हैं। उनके पास काम चुनने और छोड़ने का विकल्प है और अपना वेतन खुद निर्धारित करने का हक। दक्षिण दिल्ली में दक्षिण भारतीय स्त्रियों ने यह मोर्चा बखूबी सँभाला हुआ है। उनके पास हिन्दी भाषा का बहुत थोड़ा-सा ज्ञान है लेकिन परिश्रम की भाषा का भरपूर भंडार है। सुबह-सुबह कड़कड़ाती ठंड में वे चली आती हैं। अल्प से अल्प शिक्षित सेविका रुपये पैसे के हिसाब में एकदम चुस्त और चौकन्नी है, अपनी सेवा शर्तें वह स्वयं तय करती हैं। हमारी सेविका मंजू को इन दिनों एक लड़के से प्रेम हो गया है। लड़के ने उसे एक मोबाइल फोन का तोहफा दिया है। सुबह जब मंजू काम पर आती है, पहला वाक्य कहती है, 'आंटी जरा चार्जर देना।' उसे अपना मोबाइल चार्ज करना रहता है। दोपहर में वह मोबाइल पर तमिल फिल्मों के गाने सुनते हुए काम करती है। एक दिन मैंने कहा, "तुम्हारे बॉयफ्रेंड का नाम क्या है?"

'वह मेरा बॉयफ्रेंड नहीं आंटी। मैरिज करेगा मेरे से', उसने अकड़ से कहा। लो बोलो, दोस्त क्या शादी नहीं करते या शौहर क्या दोस्त नहीं होते। अब उसे कौन समझाये!

वे तो ठहरे परदेसी

स्त्रियाँ लगातार शिक्षा और रोजगार के क्षेत्र में तरक्की कर रही हैं। उनकी कोशिश रहती है कि अपनी मेहनत से जीवनस्तर को ऊँचा उठायें। फिर भी शायद ऐसा ही कोई दिन होता होगा जब अखबार के हवाले से हमें स्त्रियों के प्रति हिंसा, बलात्कार, हत्या और धोखाधड़ी की खबरें पढ़ने को न मिलें। पहली नजर में ये दोनों बातें परस्पर विरोधी लगती हैं पर जरा सोच-विचार करने पर लगता है कि इन दोनों में गहरा सम्बन्ध है। जैसे-जैसे स्त्रियों में चेतना और स्वाभिमान का विकास हो रहा है, जीवन से उनकी अपेक्षायें बढ़ रही हैं। पुरुष अपने पुराने ढर्रे से उसे दबाना चाहता है। नहीं दबा पाता तो खत्म कर देता है। पुरुष-सत्ता कभी नहीं चाहती कि नारी घर-परिवार के परम्परागत फ्रेम से बाहर निकल कर सोचे और बोले। आजादी के 50 साल बाद एक और अपराध बड़ा आम हो गया है। विदेश में बसे और नौकरी कर रहे भारतीय युवक शादी के लिए भारत आकर भारतीय लड़की से विवाह करते हैं। महीना-बीस दिन साथ रहकर वे अपनी छुट्टी सार्थक तरीके से बिता, एक दिन वापस चल देते हैं परदेसी की तरह। नवविवाहित पत्नी के पल्लू के छोर में आँसुओं के साथ आश्वासन बाँध देते हैं जैसे ही फ्लैट और वीजा की बाधायें दूर होंगी तुम्हें मैं बुला लूँगा। वे इन्दिरा गाँधी अन्तरराष्ट्रीय हवाई अड्डे से उड़ जाते हैं। किसको पता चलता है कौन-सा पंछी लौटा, कौन-सा नहीं। इसी सिलसिले में मुझे अपनी सहेली अमरजीत याद आ रही है। धूप-सी रंगत; घटा से बाल और भूरी आँखों वाली इस लड़की का प्यार का नाम लवली था। उसकी सारी शिक्षा अमृतसर में हुई पर नौकरी मिली दिल्ली विश्वविद्यालय में। वह मेरी रूममेट थी, पर कमरे में उसका होना न होना मुझे सिर्फ उसकी चप्पलों से पता चलता। नये साल की पूर्व सन्ध्या जब

हॉस्टल में बेहद रंगीन माहौल में तीन सौ लड़कियाँ हंगामा करती होतीं, तब लवली कमरे की बत्ती बुझा कर, चादर लपेट, दीवान की तरफ मुँह कर गुमसुम पड़ी रहती।

कुछ माह पहले वह ऐसी न थी। उसी की पहल पर हमारे यहाँ परिचय-दिवस मनाना शुरू हुआ था। मिस दौलतराम प्रतियोगिता भी उसके और मेरे संयुक्त प्रयासों का नतीजा थी। खाली वक्त में हम दोनों की टुकड़ी शहर का कोना-कोना छान मारती। कहाँ का डोसा अच्छा है, कहाँ की चाट, हमें सब पता था। फिर एक दिन अमृतसर से उसके पिता 'दारजी' का खत आया। खत में रिश्ता था। लड़का उसी की जाति का था। अमेरिका के सबसे बड़े नगर न्यूयॉर्क की एक संस्था में गणित पढ़ाता था और किसी ऐसी लड़की से शादी करना चाहता था जो विचारों में आधुनिक पर जीवन शैली में पारम्परिक हो। योगेन्दर सिंह अक्टूबर में 15 दिन के लिए भारत आ रहा था, तभी शादी की रस्म निभाई जानी थी। हॉस्टल में बधाई, पार्टी और छेड़छाड़ के बीच कब अक्टूबर आ गया हम लोगों को पता ही नहीं चला। अविवाहित सहकर्मी अमरजीत की खुशकिस्मती पर हैरान थीं। घर बैठे उसे ग्रीन कार्ड होल्डर मिल रहा था। अमरजीत मुझसे अपने सपने और डर दोनों बताती। एक अनजान देश में अनजान साथी के संग जीवन बिताने की उत्तेजना और आशंका दोनों बारी-बारी से उस पर तारी होतीं। वैसे फोन पर उसकी अपने मंगेतर से कई बार बात हुई थी। योगेन्दर ने उसे पासपोर्ट, वीजा की अनिवार्यतायें समझायीं और कहा कि वह अपनी नौकरी से मुक्त होने का नोटिस दे दे। अमरजीत चाहती थी मैं भी शादी में चलूँ पर हमारी प्राचार्य ने मेरी छुट्टी मंजूर नहीं की। मैं मन मारकर दिल्ली में ही अटक गयी।

शादी के दिन उसे तार से बधाई भेजी। आँखों ही आँखों में कल्पना करती रही इस वक्त अमरजीत तैयार हो रही होगी, इस वक्त उसका घर फूलों की वन्दनवारों से सजा होगा, इस वक्त उसके दरवाजे पर बारात आयी होगी।

अमरजीत ने तार भेज कर अपनी आठ दिन की छुट्टी पन्द्रह दिनों की बना ली। उसकी इस मनमानी से हमारी शक्की-झक्की प्राचार्य बहुत बौखलायी। उसने हम सबको भाषण पिलाया कि हमें अपनी शादियाँ गर्मी की छुट्टियों में निपटा लेनी चाहिए ताकि कॉलेज का काम न गड़बड़ाये। अमरजीत जब लौटकर आयी उसकी आँखों में इन्द्रधनुष और होंठों पर अमेरिकन लिपस्टिक थी। उसके दुष्यन्त ने उसे कश्मीर की वादियों में जी

भरकर प्यार किया था, जगह-जगह दोनों ने आलिंगनबद्ध फोटो खिंचवाये थे। हम सखियों ने एक परम्परागत सवाल पूछा, 'तुम्हारे सास-ससुर कैसे हैं?' अमरजीत ने कहा, 'वे शादी में नहीं आये। उनकी माँ जोड़ों के दर्द से लाचार है और बड़े दारजी उन्हें अकेला छोड़कर आ नहीं सकते। उनकी फोटो देखी मैंने।'' योगेन्दर सिंह के माँ-बाप ने अमरजीत के लिए लाल जोड़ा और मोकेश के काम का दुपट्टा भेजा। घर के लोगों को उम्मीद थी, कि शादी के बाद, माता-पिता का आशीर्वाद लेने दोनों बच्चे अम्बाला जायेंगे। अम्बाला, अमृतसर से कोई अगम दूरी पर नहीं था, लेकिन योगेन्दर ने अमरजीत से कहा, 'हमारे पास बहुत कम वक्त बचा है। इसी में हमें एक-दूसरे को जान लेना है। मैं तो अभी-अभी झाईजी, दारजी से मिलकर आया हूँ। तुम पीछे से जाती रहना।' पति के संग सघन सम्बन्ध का चाव अमरजीत के मन में भी था। उसे इसमें कुछ भी गलत नहीं लगा। इस बीच वादे के मुताबिक अमरजीत के माता-पिता ने योगेन्दर को दो हवाई टिकटों का आने-जाने का किराया नगद दे दिया। उन्होंने बहुत-सा सामान देना चाहा। पर योगेन्दर ने एक भी चीज लेने से इनकार कर दिया। उसने कहा, 'इससे बेहतर सामान मेरे अपार्टमेंट में पहले से मौजूद है। आपको जो देना है नगद दें ताकि हम दोनों अपनी मर्जी से खरीदारी कर लें।' पलक झपकते योगेन्दर की छुट्टियाँ खत्म हो गयीं। 31 अक्टूबर की आधी रात वह वापस न्यूयॉर्क चला गया। अमरजीत का वीजा अभी आया नहीं था। अभी उसने नौकरी से त्यागपत्र भी नहीं दिया था। तय यह हुआ कि समस्त औपचारिकताओं से मुक्त होकर, वीजा मिलने पर अमरजीत न्यूयॉर्क के लिए रवाना हो जायेगी। अमरजीत वापस काम पर आ गयी पर स्वप्नमग्न। बातें करते हुए उसे बार-बार हिलाना पड़ता। 'सुन रही हो न।' वह अन्तर्मुखी होती गयी। न्यूयॉर्क पहुँचकर योगेन्दर का बस एक बार फोन आया। उसने खैरियत दी और ली। उसने बताया कि वह कनाडा के एडमंटन विश्वविद्यालय में बेहतर पोजीशन पा गया है। जल्दी ही वह वहाँ चला जायेगा और अपना नया पता भेजेगा। अमरजीत अब एटलस में अमेरिका के बजाय कनाडा देखने लगी थी। उसका वीजा अभी नहीं आया था। कुछ महीने बीतने पर उसे कैनेडियन दूतावास का पत्र मिला जिसमें उससे उसके पति का पद और पता पूछा गया था। उसने बेखटके लिख भेजा। जल्द ही वहाँ से जवाब मिला कि उन्होंने अपनी जाँच में पाया कि इस नाम का कोई व्यक्ति वहाँ के विश्वविद्यालय में नहीं है।

अमरजीत ने अपने ससुराल में चिट्ठी लिखी। वहाँ से कोई जवाब न

मिलने पर वह घबराई हुई अम्बाला पहुँची। ससुराल का पता गलत था। वहाँ पड़ोसियों ने बताया कि मकान नम्बर इस कॉलोनी का है ही नहीं। अमरजीत की बदहवासी देखकर हम सबको आभास हो गया था कि शादी के नाम पर वह बुरी तरह ठगी गयी है। उसका दुष्यन्त परदेस के सपने दिखाकर उसे त्याग गया। बहुत दिनों से न उसका पत्र आया, न फोन। अमरजीत पाषाण-प्रतिमा बनती गयी। यांत्रिक ढंग से वह अपनी कक्षाओं में जाती, काम पूरा करती और कमरे में आकर दीवार की तरफ मुँह कर पड़ी रहती। तिरस्कार की तिलमिलाहट में वह रात-रात भर तपती रहती। हम कई सहेलियाँ उसे दिलासा देने की काशिश करतीं कि आने वाले कल में सब ठीक भी हो सकता है, लेकिन अमरजीत आश्वस्त न होती। यह आधुनिक शकुन्तला शून्य दृष्टि से एटलस में कनाडा का नक्शा देखती रहती। उसके पास ऐसी कोई अँगूठी भी नहीं थी जो जीवनसाथी से उसके मेल का अभिज्ञान बनती।

अब तक क्या किया

दो तीन खबरें ऐसी हैं जो चोला बदल-बदल कर हमारे सामने आती हैं। इन्हीं खबरों से अखबारों और खबरिया चैनलों में सनसनी पैदा होती हैं। ये खबरें हैं गैंग रेप, अपहरण के बाद हत्या तथा आय से अधिक सम्पत्ति। तीनों ही मामलों में हमने अद्भुत राष्ट्रीय एकता कायम की है। लड़की चाहे सात साल की हो या सत्रह की, नासिक की या दिल्ली की, अगर वह भूखे-प्यासे दरिन्दों के हाथ पड़ गयी, उसकी दुर्गति होनी ही है। पुलिस बाद में अपराधी को पकड़ने के लिए दौड़धूप करती रहे, उससे लड़की के सन्ताप में कोई कमी नहीं आयेगी। यही हाल अपहरण के प्रकरण का है। अपहृत व्यक्ति या शिशु का परिवार अगर पुलिस को सूचित करता है तो भी मारा जाता है और नहीं करता तब भी। इनमें सबसे अनोखी खबर है किसी सरकारी मुलाजिम के आय से अधिक सम्पत्ति रखनें की। इस खबर के साथ जो दृश्य दिखाये जाते हैं, उनसे आँखें चौंधिया जाती हैं। आर्थिक अपराधी के घर और बैंक के लॉकर से प्राप्त सम्पत्ति के सचल चित्र टीवी के पर्दे पर दिखाये जाते हैं : थई के थई नगद नोट, चमचमाते हुए गहने, जमीन-खरीदी की रसीदें और विदेशी घड़ियाँ। उन्हें देखते हुए लगता है जैसे कोई खज़ाना खुला रखा है, खुल जा सिमसिम जैसा भण्डार। पकड़े गये मुलाज़िम की तनखा पन्द्रह हजार, उसके लॉकर में पकड़ा गया माल 15 से 150 करोड़ तक का। खबर पढ़ने-देखने वाले अपनी लस्त जिन्दगी और पस्त आमदनी के प्रति दोहरे अपराधबोध से भर जाते हैं। पैंतीस साल की नौकरी में उन्होंने क्या कमाया क्या बचाया। भगवान न करे घर में कोई हारी-बीमारी हो जाय, बैंक में इतनी भी जमाराशि नहीं कि माकूल इलाज करवा सकें। बाल-बच्चे अलग हिकारत से देखते हैं—अब तक आपने क्या किया, जीवन क्या जिया। वह भी सरकारी कर्मचारी, आप

भी। एक उसकी कूवत देखें कमाई की और एक अपनी।

मेरा सुझाव है सरकार को या जाँच-पड़ताल विभाग को एक सर्वेक्षण उनका भी करवाना चाहिए जिनके पास आय से कम सम्पत्ति है। उनसे पूछा जाय भई तनखा तो हर महीने मिलती थी, फिर कहाँ चली गयी? न मकान बनवाया, न बेटी की शादी निपटाई, न बेटे को उच्च शिक्षा के लिए किसी अच्छे संस्थान में भेजा; और तो और माँ-बाप भी बिना उचित इलाज के स्वर्ग सिधार गये, पत्नी का गहने-कपड़े का अरमान अधूरा, अतृप्त रहा। तुमने अपनी आय का किया तो क्या किया।

कठघरे में खड़ा भूतपूर्व कर्मचारी यही कहता नज़र आयेगा, 'साब क्या बतायें, हमारा दिमाग आप फेल है, हमारी कमाई का हुआ तो क्या हुआ। यह ठीक है कि घर में दोनों वक्त चूल्हा जला; बच्चे बिना नागा, बिना नाम कटे स्कूल जाते रहे, हर रोज़ धुले हुए कपड़े हम सब पहनते रहे; किराये की सही, सिर पर छत की छाया रही, बीमारी में न सही ऐलोपैथी, होम्योपैथी दवा मिलती रही; कभी दफ्तर की कोई फाइल अपने बिस्तर के गद्दे के नीचे छिपानी नहीं पड़ी, किसी का उधार सिर पर नहीं रहा, बच्चों को मेहनत और लियाकत पर गुरूर करना सिखाया।'

जिन्दगी के खेल में किसे पास माना जाये, किसे फेल, यह बहुत पेचीदा सवाल है। जब तक हम सेक्सचोर, टैक्सचोर और रिश्वतखोरों के समाचार पढ़ते-देखते रहेंगे, हम अपने आप को पहले सिरे का उल्लू समझते रहेंगे। ये समस्त अपराधी हमारी आबादी का एक या दो प्रतिशत ही होंगे पर इन्हें नायकत्व दिया जा रहा है।

अगर मीडिया यह तय कर ले कि प्रतिदिन एक सीधे सच्चे ईमानदार इन्सान पर भी एक स्टोरी कर ले और उसे उसी धड़ल्ले और धूमधाम से प्रक्षेपित करे जैसे चोर-उचक्कों को तो क्या हवा नहीं बदलेगी!

स्त्री के साथ सलूक

सलूक शब्द मेरे जेहन में कई सड़कों वाले एक चौराहे की तरह खुल रहा है—सलूक स्त्री के साथ समाज का, परिवार का, मर्द का, अन्य स्त्रियों का, आधुनिक समय का, वर्तमान दृष्टिकोण का और पत्रकार का।

समाज की महत्त्वपूर्ण इकाई, परिवार की केन्द्रबिन्दु, पुरुष की साथी, अन्य स्त्रियों की सहयोगी, समय की तसवीर और दृष्टिकोण के सफर की शुरुआत की शक्ल में स्त्री के महत्त्व को कम करके आज नहीं देखा जा सकता। लेकिन उसके इस महत्त्व स्वीकार में जिन दो शक्तियों ने सबसे सार्थक योगदान दिया है, वे हैं साहित्यकार और पत्रकार। अभी कुछ वर्ष पूर्व तक भारतीय स्त्री का जीवन एक बन्द किताब की तरह था। अपने अन्तर्बाह्य के सशक्त, अशक्त और विषाक्त सवालों के प्रति जितनी वह स्वयं अचेत थी, उतना ही समाज का हर महकमा।

मुझे आज भी याद आती है अपने परिवार में रह रही स्त्रियों की दुर्दशा। मेरी सगी मामी चौदह साल अपने पति की उपेक्षा की पात्र बनकर घर में पड़ी रहीं। उनका दोष सिर्फ इतना था कि वे साँवली थीं, मामा गोरे। मामा उन्हें एक नजर देखकर घर से जो गायब हुए, किसी को पता नहीं चला वे कहाँ गये। नाना ने कहा, 'कोई और होता तो बहू को धक्के मार कर मायके पहुँचा देता। मेरा धर्म इस बात की गवाही नहीं देता। चलो आधी रोटी खाकर पड़ी रहेगी एक कोने में।' चौदह साल छोटी मामी बड़ी मामी के बच्चों को पालती रहीं, पति की माँ से लात खाती रहीं और भोजन के नाम पर घर का बासी-सूखा पाती रहीं। पन्द्रहवें साल मामा एकाएक नमूदार हुए और उनसे मुखातिब। मामी ने उनसे इस तिरस्कार का कारण नहीं पूछा, वरन जाकर मन्दिर में प्रसाद चढ़ाया कि उनके देवता उनसे प्रसन्न हुए, उनका जीवन सार्थक हुआ। इस बीच उन्हें प्लूरिसी हुई,

संग्रहणी हुई, मिरगी के दौरे पड़े—तब उनके देवता को कोई फर्क नहीं पड़ा। मामी के आगामी वर्ष चेतावनी सुनते ही बीते—देख, होश में काम कर, नहीं तो तेरा आदमी फिर चला जायेगा। लड़कपन में कई बार मैंने मामी से पूछा, 'मामी, सब तुम्हें दुतकारते हैं तुम लड़ती क्यों नहीं?' मामी ने हर बार लाचार मुद्रा में सिर पर हाथ रखकर कहा, 'क्या कहूँ! जाई गाँव में रहना, हाँजी-हाँजी कहना।' और भी बहुत कुछ देखा उन वर्षों में—परिवार की स्त्रियों का किसी बहू को चूल्हे की जलती लकड़ी से पीटना, दाल की खदकती बटलोई सिर पर पटकना, बीमार, गर्भवती औरत के पेट पर जोर की लात मारना! उन स्त्रियों की पीड़ा दूर करनेवाला कोई नहीं था।

आज जब सुबह का अखबार उठाती हूँ और ऐसे समाचार पढ़ती हूँ : 'दहेज में भैंस, टेप और साइकिल न मिलने पर मंजु को जिन्दा जला दिया गया', 'रूप कुँवर धन-लोलुप ससुरालवालों के षड्यन्त्र की शिकार', 'पुलिस के दरिन्दों ने माया त्यागी को सरे बाजार अपमानित किया', 'पति के दुर्व्यवहार से तंग आकर शकुन्तला ने आत्महत्या की' तब मुझे लगता है पहली बार हिन्दुस्तानी औरत को शायद जुबान मिली है। स्त्री की दशा को नगण्य से गण्य बनाने में भारतीय पत्रकारों का अद्भुत योगदान रहा है। आज स्त्री के जीवन में व्याप्त आक्रोश, कुंठा, विसंगति आदि को पहली बार अभिव्यक्ति मिल रही है। इस काम की शुरुआत जरूर समाज सुधारकों और विचारकों ने की, लेकिन इसे तीखेपन से रेखांकित किया है पत्रकारों ने कि धौलपुर के बाजार में औरत बेची और खरीदी जाती है, कि औरत घर की चारदीवारी के अन्दर प्रताड़ना पाती है, कि औरत को नौकरी की आड़ में पीड़ित किया जाता है। इस सबकी खोज और खबर आज अखबार और पत्र-पत्रिकाओं के हवाले से मिलती है। यह कोई कम बड़ा कार्य नहीं है। पत्रकार महिला मुक्ति संगठनों से भी पहले सक्रिय हुआ है और इसी में है उसका अभूतपूर्व महत्त्व व योगदान।

यहाँ तक तो सब बड़ा आदर्श और उज्ज्वल है। लेकिन इसके आगे आता है पत्रकारिता का कृष्ण पक्ष। अगर पत्रकार सचमुच भारतीय जन मानस को झकझोर कर स्त्री के प्रति सार्थक चिन्ता और चेतना से जोड़ सकता तो यह एक अविस्मरणीय काम होता, क्योंकि उससे पैदा होती स्त्री और समाज के बीच बेहतर तैयारी और समझदारी। लेकिन अपनी तमाम प्रखरता के बावजूद भारतीय पत्रकार के लिए औरत एक 'स्कूप' से ज्यादा कुछ भी नहीं है। स्त्री के साथ हुए सलूक को रेखांकित करना एक खतरनाक और रपटीला रास्ता है, जिसके तहत पत्रकार जरा-सा

बहकते ही दलाल या दुकानदार बन सकता है। नहीं तो क्या कारण है कि रोजाना स्त्री की प्रताड़ना की खबरें समाज में सरोकार की जगह सनसनी, चिन्ता की जगह चटपटापन और जागरूकता की जगह जुगुप्सा पैदा कर रही हैं? कुछ अंशों में पत्रकार ने आज औरत के साथ वैसा ही सलूक किया है जैसा समाज के अन्य तबकों ने। उसने उसे एक जिंस ही बनाया है–बिकाऊ जिंस। आज पत्रकारिता में सबसे ज्यादा चटखारेदार विवरण जो दे सके–मारू तस्वीरें और गरम खबर, वही बिक्री और लोकप्रियता का मानदंड बन जाता है। यही कारण है कि जब माया त्यागी कांड घटित हुआ तो धड़ाधड़ सभी पत्रिकाओं ने बलात्कार विरोधी विशेषांक प्रकाशित किये। फर्क सिर्फ यह था कि उन सब पत्रिकाओं ने मुखपृष्ठ पर 'बलात्कार' शब्द प्रमुखता से लिखा था–बड़े-बड़े अक्षरों में और 'विरोध' बारीक छोटे अक्षरों में। इन पत्रिकाओं का उद्देश्य माया त्यागी की पीड़ा बताना कम, अपनी बिक्री बढ़ाना ज्यादा था। यही हाल मथुरा कांड के समय देखा गया। कई वर्ष पहले 'साप्ताहिक हिन्दुस्तान' का एक पृष्ठ कुछ-कुछ इसी तरह का होता था–टूटी हुई जिन्दगी।

इन प्रयोगों से पत्रिका की बिक्री के आँकड़े बढ़ते हैं, मानवीय या सामाजिक सरोकार धुँधला पड़ता जाता है। धीरे-धीरे लोगों को ऐसी रिपोर्ट पढ़ने का ऐसा ही तटस्थ अभ्यास हो जाता है जैसा फिल्मों के विज्ञापन और गुड़-तिलहन के भाव देखने का। मुँह के रास्ते नितान्त शाकाहारी लोग भी ऐसी तमाम पत्रिकाएँ बड़े चाव से पढ़ते है, जिनमें औरत एक सामिष व्यंजन की तरह परोसी जाती है। पत्रिकाओं के सम्पादक इस विष को पहचानते हुए भी इलाज नहीं करते, क्योंकि उनके ऊपर व्यावसायिक दबाव होते हैं। 'धर्मयुग' में कई बार कुछ मैटर सिर्फ इसलिए दूसरे मैटर की जगह लगा दिया जाता था, क्योंकि उसके साथ तैयार चित्र पर्याय उत्तेजक नहीं होते थे। ये बातें प्रबुद्ध पाठक से छिपती नहीं हैं। यही जानकारियाँ 'महाभोज' और 'कमला' जैसे नाटकों को जन्म देती हैं, जहाँ एक बार फिर औरत-जनित चटपटेपन की बिसात बिछायी जाती है। औरत के प्रति अपने सार्थक सरोकार का एक यथार्थपरक दृष्टिकोण स्वयं पत्रकार को खोजना होगा, ताकि उसका सारा अन्वेषण मात्र उत्तेजना की व्यंजन-पुस्तिका बन कर न रह जाये, वरन समाज को सही दिशा की रोशनी दे।

दरअसल, पत्रकार वही है जो समाज के अन्य लोग हैं। हमारा पत्रकार हमारे ही समय की पैदावार है। आज समाज की इस शाखा ने स्त्री को

एक रंगीन बल्ब मान लिया है—उद्योग, व्यवसाय, विज्ञापन, फिल्म, दूरदर्शन और पत्रकारिता इन सब द्वारा चित्रित स्त्री उस भारतीय स्त्री से जरा भी मेल नहीं खाती, जिसकी दिनचर्या में आज भी वही आश्रम जीवन-सी कठोरता और एकरसता मौजूद है। जीवन चाहे कितना भी आधुनिक हो जाये, घर की औरत आज भी आपकी महाराजिन, महरी, आया, धोबन, भंगिन, नर्स, चपरासी और दासी है। ये सब चतुर्थ श्रेणी की भूमिकाएँ हैं और इन्हें अदा करते-करते वह स्वयं अपना तेज धूमिल कर बैठती है। ऐसे में जड़ता एक बड़ी ही सुविधाजनक, सहज और स्वाभाविक प्रवृत्ति की तरह पनप सकती है। इस जड़ता को बड़े मोहक और रंगीन तरीके से 'ग्लोरिफाइ' किया है महिला पत्रिकाओं ने, जिन्होंने स्त्री सरोकार के एकदम तंग पैमाने खींच लिये हैं—कमरों की सजावट, कमोड की सफाई, नन्हे बाबा का मोजा, पति को रिझानेवाले व्यंजन, सौन्दर्य प्रसाधन शॉपिंग, गॉसिप और ज्यादा से ज्यादा गार्डेनिंग। सभी महिला पत्रिकाएँ महिलाओं के घरेलू कारावास को विश्वसनीय और रोमांटिक बनाने का जोरदार अभियान चलाये रखती हैं। देखने में ये सभी पत्रिकाएँ इतनी सुन्दर और चिकनी होती हैं कि इनसे हुए नुकसान की तरफ किसी का ध्यान ही नहीं जाता। इस तरह सामाजिक सोच का दायरा तंग होता जाता है और समानता का कोई भी जीवन दर्शन जन्म नहीं ले पाता।

अब तो टेलि-पत्रकारिता भी धड़ल्ले से चल निकली है और इसके माध्यम से जरूरी सवालों पर उँगली रखी जा सकती है। अनेक ऐसे कार्यक्रम हैं जो स्त्री सम्बन्धी सरोकारों को बहस और विचार का मुद्दा बनाते हैं। इनमें से कुछ सार्थक भी हैं। मसलन दूरदर्शन ने 'बन्द फाइल' कार्यक्रम में कानपुर में हुई तीनों बहनों की सामूहिक आत्महत्या का विश्लेषण किया। यह एक बहुत ही सही और सन्तुलित विश्लेषण था। इसमें महज बातचीत में कमलेश्वर ने न केवल उन लड़कियों के पिता के सोच-विचार का खोट ढूँढ़ निकाला, वरन उस युवा छात्र नेता का भी, जो यह मान रहा था कि लड़कियों को सिर उठाने की जगह सिर झुका कर चलना चाहिये। हालात मुश्किल हों तो उन्हें फाँसी लगा लेनी चाहिए।

लेकिन पत्रकार पर हम स्त्री सम्बन्धी सलूक की पूरी जिम्मेदारी नहीं डाल सकते। पत्रकार आखिर अपने रोजगार से जुड़ा हुआ जीव है और उसकी सीमाएँ हैं। वह चाहे भी तो बहुत देर तक मसीहा बना नहीं रह सकता। स्त्री को स्वयं अपनी तेजस्विता को अभिव्यक्ति देनी होगी, इधर-उधर की सतही माँगों में न पड़ सबसे पहले उसे समाज से माँगनी

होगी समानता, फिर शुरू होगी उसमें और पुरुष में श्रेष्ठता की प्रतियोगिता। सिर्फ एक औरत के प्रधानमंत्री या मुख्यमंत्री या गर्वनर बन जाने से समूची स्त्री जाति के प्रति न्याय नहीं हो जाता। स्त्री को समय की मुख्य धारा से जुड़ना होगा, उसे अपनी व्यक्तित्व सम्पन्नता प्राप्त करनी होगी, तभी साहित्यकार और पत्रकार उसका सही प्रतिनिधित्व कर सकेंगे। यह एक लम्बा सफ़र है।

लिंग संवेदनशीलता के सन्दर्भ में सामुदायिक गतिशीलता

आज़ादी के इक्यावन साल बीत जाने के बाद भी हमारे मुल्क में बच्चों की प्राथमिक शिक्षा का सवाल अभी जटिल बना हुआ है। हमारे संविधान में 14 वर्ष तक की उम्र के बच्चों के लिए निःशुल्क अनिवार्य शिक्षा की व्यवस्था की घोषणा है पर व्यावहारिक रूप से आप गाँव या शहर कहीं पर भी सुबह का दृश्य देखें तो पायेंगे कि जितने बच्चे स्कूल जाते हैं, लगभग उतने ही बच्चे सुबह आँख खुलते ही काम पर जाते हैं। बच्चे कहीं अफसरी नहीं करते, व्यापार नहीं करते, वे छोटे-छोटे कामों में लगे हुए हैं। वे पंक्चर बनाते हैं, ढाबों में अँगीठी सुलगाते हैं, रेल की पटरियों पर कोयला बीनते हैं, घर-घर बर्तन माँजते हैं, भीख माँगते हैं या भीड़ भड़क्के वाली जगहों पर जेब काटते हैं। प्राथमिक शिक्षा के समस्त अवसर, आयोजन-प्रयोजन, विद्यालय-विकास के समस्त अनुदान और भविष्य की बेहतरी के समस्त समाधान अपने नन्हे पाँवों से कुचलते हुए बच्चे, अपने बजाय अपने माँ-बाप, भाई-बहन का अस्तित्व बनाये रखने को, प्राथमिक शिक्षा के दरवाजे अपने हाथ से बन्द कर, छोटे-छोटे कामों में अपना जीवन झोंक देते हैं। राजेश जोशी की कविता 'बच्चे काम पर जा रहे हैं' इसी समस्या का जीता-जागता दस्तावेज है। दरअसल देश और प्रदेश की प्राथमिक शिक्षा का सवाल हमारी सामाजिक स्थितियों और समस्याओं से जुड़ा हुआ है।

उत्तर प्रदेश में प्राथमिक शिक्षा के लिए एक लाख से ज्यादा विद्यालय हैं जिनमें लगभग चार लाख शिक्षक कार्य करते हैं। हर जुलाई में पहले-पहल यही लगता है कि इस वर्ष बहुत ज्यादा बालक-बालिकाओं ने प्रवेश ले लिया है। अगर ये सब प्रतिदिन स्कूल आयें तो न सिर्फ स्कूल की इमारत

छोटी पड़ेगी वरन् इनकी देखभाल के लिए टीचर भी थोड़े पड़ेंगे। पर दो महीने बीतते न बीतते, उनके नाम सिर्फ उपस्थिति रजिस्टर में लिखे रह जाते हैं, बच्चे, खासकर बच्चियाँ कक्षा से गायब मिलती हैं। उनके स्कूल न आ सकने के कारण कभी कारुणिक होते हैं तो कभी हास्यास्पद। जैसे–

1. लड़कियाँ इसलिए रोज स्कूल नहीं आ पातीं क्योंकि उनके पास पहनने के लिए कपड़े नहीं होते।

2. उनके घर में माँ के पास गोद का कोई शिशु होता है जिसे सँभालना बालिका की जिम्मेदारी माना जाता है।

3. उनकी माँ की तबियत खराब रहती है।

4. उनके माँ-बाप और दादा-दादी मानते हैं कि लड़कियों का स्कूल जाना कोई जरूरी नहीं।

5. उनके पास किताब, कॉपी, पेंसिल, रबर नहीं होता।

6. स्कूल तक आने का कोई वाहन उन्हें नसीब नहीं होता।

7. छोटी उम्र में लड़कियों का विवाह कर दिया जाता है।

8. उन्हें घर के कामों में व्यस्त रखा जाता है।

ऐसे में कई बार लगता है कि बालिकाओं के साथ-साथ उनके माँ-बाप का भी स्कूल आना अनिवार्य कर दिया जाय ताकि उन्हें इस बात की चेतना दी जाय कि उनकी बच्ची के जीवन के लिए शिक्षा कितनी जरूरी है। शिक्षा जरूरी है, माँ-बाप अगर यह समझ लें तो बालिकाओं का प्रवेश प्रतिशत बढ़ाया जा सकता है।

चलिये एक क्षण को यह मान लिया जाय कि पारम्परिक दबाव और प्रतिबन्धों का निराकरण कर हम बालिकाओं को पाठशाला तक लाने में सफल हो गये। उसके बाद क्या करना होगा?

सबसे पहले तो विद्यालय में उचित वातावरण का निर्माण करना होगा।

कच्ची, पक्की या पहली क्लास में नामांकित होकर आयी लड़की एक कोरा कागज होती है। उसके पास घर-परिवार से जुड़े शब्दों और भाषा का एक छोटा-सा मौखिक भंडार होता है। शिक्षक या शिक्षिका का कर्तव्य है वह छात्रा के इस शब्द भंडार का सहज अन्दाज ले। जाहिर है यह काम छात्रा की मातृभाषा में हो तो ज्यादा सार्थक हो। किताब, कापी और श्यामपट की भूमिका बाद में आती है, उससे पूर्व शिक्षक और छात्रा के बीच भाषा का मौखिक स्वरूप स्थापित हो जाना चाहिए। भाषा का मूल रूप मौखिक ही है। लिखने और पढ़ने की क्रिया, मौखिक आदान-प्रदान के पश्चात् ही आरम्भ होनी चाहिए। शिक्षक को चाहिए कि

वह वस्तु दिखाकर शब्द की जानकारी दे और उस वस्तु को, छात्रा किस शब्द से अभिहित करती है यह जाने। जैसे शब्द है—चकला। कक्षा में बच्चियों से बात करने पर पता चलेगा कि चकला को कई घरों में चौकी अथवा होरसा कहा जाता है। इसी तरह एक शब्द है—अँगीठी। कुछ बच्चे अँगीठी शब्द नहीं समझेंगे। उनसे पूछना चाहिए वे घर में इसे क्या कहते हैं। इससे संवाद का एक सिलसिला बनता है और लड़की का स्कूल से सरोकार पनपता है।

प्राथमिक से लेकर डिग्री स्तर तक के शिक्षण में छात्र-शिक्षक संवाद का महत्त्व निर्विवाद है।

स्वाधीनता के इतने वर्ष बाद भी हमारे समाज में ब्रिटिश शिक्षा पद्धति का प्रभाव स्पष्ट दिखाई देता है। ब्रिटेन की शिक्षा पद्धति में औपचारिकता, यान्त्रिकता और दूरी तीनों बाधायें हैं। छोटी कक्षाओं और प्रौढ़ शिक्षण कक्षाओं में औपचारिकता, यान्त्रिकता और दूरी तीनों का मारक प्रभाव यह पड़ता है कि छात्रों की रुचि का ग्राफ गिरने लगता है। याद रहे, एक तो हम उन्हें नये संसार में प्रविष्ट करा रहे हैं, दूसरे उन्हें उनके परिचित संसार से बाहर निकाल रहे हैं—यह दोतरफा जिम्मेदारी है जिसे निभाना शिक्षक का कार्य है।

आजकल रेडियो, टेलीविजन और फिल्म जैसे जनप्रसार माध्यम घर-घर पहुँच गये हैं। हर वर्ग का परिवार सूचना और मनोरंजन के लिए इन तीनों का आश्रय लेता है। अगर शिक्षक अपने पाठ को रेडियो, फिल्म और टेलीविजन के संसार से जोड़ सके तो पायेगा कि बच्चों की ग्रहणशीलता एकदम बढ़ जायेगी। इसमें रुचि का विकास होना सम्भव है। पाठ सामग्री ऐसी होनी चाहिए कि बालक और बालिका के मध्य सहज समान भाव का विकास हो। उसमें विभेद या अलगाव के भाव पैदा न हों।

समाज में महिला-शिक्षा विषयक अनिवार्यता और अभिरुचि के विकास के लिए कई महिला विकास संगठन समय-समय पर स्थापित किये गये। पश्चिम की कुछ अग्रणी महिलाओं ने भी भारतीय महिलाओं के विकास और शिक्षा के क्षेत्र में बहुत कार्य किया जैसे मारग्रेट नोबल और ऐनै बेसन्ट। 1927 में पूना में अखिल भारतीय महिला संगठन का प्रथम अधिवेशन रखा गया। इस संगठन का उद्देश्य बालिकाओं और महिलाओं में शिक्षा का प्रसार था। इसी संगठन के अन्तर्गत लेडी इरविन कॉलेज की स्थापना 1932 में की गयी। यह संगठन शिक्षा तक ही सीमित नहीं था। प्रयमतः यह समाज सेवी संस्थान था और इसने बाल-विवाह, पर्दा प्रथा, बहु पत्नी विवाह और दहेज प्रथा के विरोध में अभियान चलाया। स्त्रियों

की दशा सुधारने के लिए बहुत से विचारणीय प्रश्न इस संगठन द्वारा उठाये गये। इसके अतिरिक्त विश्वविद्यालय महिला संघ, ईसाई महिला मण्डल, अखिल भारतीय शिक्षा संस्था, कस्तूरबा ट्रस्ट, महर्षि कर्वे के एस.एन.डी.टी. संस्थान आदि ने निरन्तर समाज को स्त्रियों की समस्याओं के प्रति सचेत, सक्रिय और संवेदनशील बनाया। सामुदायिक स्तर पर स्त्रियों के लिए रोजगारपरक प्रशिक्षण की व्यवस्था की गयी। रसोई वाटिका विकास, कुक्कुट पालन, दुग्धशाला, मत्स्य पालन, बाल-संरक्षण, स्वास्थ्य केन्द्र के कार्य, इन सभी क्षेत्रों में विभिन्न महिला मंडलों ने उल्लेखनीय काम किया। इस समय पूरे भारत में लगभग 60 हजार महिला मंडल ग्रामीण क्षेत्रों में कार्यरत हैं। देश की विपन्नतम महिलाओं के लिए ऐच्छिक समाज सेवी संगठनों की संख्या कम नहीं है। तमिलनाडु और महाराष्ट्र में इस दिशा में बहुत कार्य हुआ है। इन संगठनों में उत्तर प्रदेश का स्थान पाँचवाँ है।

प्रगति और प्रयोग का कोई भी प्रयास समाज में व्याप्त प्रचलित धारणाओं का एकबारगी समापन नहीं कर सकता। कई बार प्रगति भी दुर्गति का कारण बनती है। जैसे—भ्रूण-परीक्षण, गर्भ-समापन की तकनीकी का विस्तार। परिवार में बालिका-शिशु की प्रस्थिति पर उसकी मनो-सामाजिक संरचना निर्भर करती है। सबसे पहले, समाज सेवी संगठनों को परिवार-गत सोच में बदलाव लाने का प्रयत्न करना चाहिए तभी शिक्षक के प्रयास कारगर सिद्ध होंगे।

पाठशाला ही वह जगह हो सकती है जहाँ बालिकाओं में आत्मविश्वास का भाव सुदृढ़ किया जाय। प्रतिवर्ष सर्वेक्षण से ये तथ्य सामने आते हैं कि परीक्षाओं में बालिकाओं का उत्तीर्ण-प्रतिशत बालकों से ऊँचा होता है। पढाये गये पाठ के प्रति गम्भीरता, संलग्नता और कार्यशीलता उनमें बेहतर होती है। अगर बालिकाओं को आहार, शैक्षिक वातावरण, अवसर और दीक्षा की समान सुविधायें दी जायँ तो उनकी क्षमताओं का विकास व्यापक स्तर पर किया जा सकता है। अपनी इच्छा, महत्वाकांक्षा, राय और विचार कहने योग्य साहस उनमें शिक्षा से ही आ सकता है। लिंग सम्बन्धी भेदभाव को विभिन्न प्रतियोगी परीक्षाएँ भी तोड़ती हैं। प्रतियोगिताओं की जमीन बाल्यावस्था में ही तैयार की जा सकती है। विद्यालय में खेलकूद के समान अवसर, संवाद की समान सुविधायें, बोलने की आज़ादी और विषयगत जानकारी बालिका को एक व्यक्तित्व प्रदान करने में प्रभावी भूमिका निभा सकती हैं। जाति, धर्म, वर्ग-भेद और लिंग-भेद की दीवारों को तोड़ने में परिवार और विद्यालय की भूमिका असंदिग्ध है। शिक्षक के रूप में हमारी यात्रा बहुत लम्बी और महत्त्वपूर्ण है।

यह तो केवल छलना है

इक्कीसवीं सदी में दाम्पत्य जीवन की तीन-तीन सौतें मुक्त विचरण कर रही हैं। तीनों आकाशमार्ग से आयी हैं। तीनों आपके कमरें में मौजूद हैं। आपका पति उन्हें जेब में डाल कर चलता है, बगल में दबाकर रखता है, सिरहाने रख कर सोता है। सोता कहाँ है, रात डेढ़-दो बजे तक तीनों एक-दूसरे से मुखातिब रहते हैं। लैपी, टैबी और मोबाइल अर्थात् लैपटॉप, टैबलेट ओर मोबाइल फोन। ये वे उपकरण हैं जो दुनिया जहान की सुन्दरियाँ आपके सामने ला कर पेश कर देते हैं। अपने-अपने एकाकीपन से अघाये लोग सोशल मीडिया पर दोस्त बना लेते हैं, एक दो नहीं अनगिन। पहले सामान्य परिचय होता है, रुचियों का आदान-प्रदान होता है फिर संदेश शुरू हो जाते है। एक शब्द 'हाई' से शुरू होकर दो शब्दों का संवाद कैसे हो?

एक डोर तान देता है दो छोर पर।

फिर तीन शब्द—'चलो बात करें।' निमंत्रण बन जाता है।

इसके बाद चार शब्द—'याद आ रही है।' पुरुष का मन डगमग नैया बन जाता है। वह नहीं जानता यह मैत्री नहीं मंत्रणा है। सोशल मीडिया पर सुन्दरी जग जीतने निकली है। जाने कितनों को उसने यह सन्देशा भेजा होगा। वह रोज़ पहलू बदल-बदल कर नैट पर अपने सेल्फी लगा रही है। कभी आँखों पर बालों के बादल छितरा कर, कभी दुपट्टे के कोने को मुँह से दबा कर वह इस वक्त 'नारी तुम केवल छलना हो' बनी हुईं है। छलना ट्वीट कर रही है, पाँच शब्दों में—

'मैं तो आपकी प्रशंसक हूँ।'

पगला पुरुष पूछ लेता है, 'कब से?'

छलना छह शब्दों में बाँध लेती है—

'जब से आपकी पहली पुस्तक पढ़ी।'

पगला पुरुष विभोर हो उठता है। दूरागत बैठी प्रशंसिका का यह आत्मिक सान्निध्य उसके रोम-रोम को झंकृत कर देता है। उसे भूल जाती है अपने पहलू में लेटी पत्नी जो पिछले 35 या 45 साल से उसकी साथिन है, जिसने उसके साथ जीवन की सर्दी गर्मी झेली है। उसके ज़ेहन में रह जाती है बस एक वह जो दिन में दस बार संदेसा भेजती है और पाँच बार ट्वीट। उसे यह गौरैया नज़र आती है। उसके अस्फुट शब्द पढ़ कर उसे स्फूर्ति मिलती है, फिर से कलम उठाने का मन होता है। उसकी इच्छा होती है लैपी को बाँहों में कस ले, फोन को चूम ले और टैबी को सहलाता रहे। इसमें उसे पत्नी के प्रति कोई बेवफाई जैसा गुनाह भी नज़र नहीं आता। वह उन लोगों में से है जो मानते हैं कि गुनाह केवल शरीर से होता है।

शयनकक्ष में लगातार बिजली जलने से पत्नी की नींद में खलल पड़ रहा है। वह एक दो बार झुँझला कर कहती है, 'डेढ़ बज रहा है, सो जाओ; सुबह दफ्तर भी जाना है।'

ओफ़। ज़हर की पुड़िया लगती है पत्नी और उसकी भुनभुन आवाज़। वह ज़्यादा भन्नाये तो पुरुष, बिस्तर की जगह दीवान पर सोने चला जायेगा पर अपना टेबलेट पृष्ठ बन्द नहीं करेगा। अगर पत्नी उसके टेबलेट में ताकझाँक करेगी तो वह सर्र से पृष्ठ आगे सरका देगा। आज घर-घर में ऐसे लोग हैं जो देर रात फेसबुक पर जमे रहते हैं। ये दिन में दफ्तर में उबासियाँ लेते हैं और काली कॉफी के सहारे कामकाज को पार लगाते हैं।

सोशल मीडिया पर रिश्ते का विकास फटाफट होता है। हफ्ते भर में तीन शब्दों का शाश्वत वाक्य लिखा आ जाता है–'आय लव यू'।

विश्व भर में कहे गये समस्त संवादों का यदि आकलन किया जाय तो पाया जायेगा कि इन तीन शब्दों का सर्वाधिक उपयोग, दुरुपयोग और कूट-उपयोग हुआ है। यह संवाद जीवन में जितना सुख लाता है उससे ज्यादा दुख लाता है। यह दिन का चैन, रातों की नींद उड़ाता है। यह नगर नगर, डगर डगर भटकाता है। यह दिल, दिमाग, स्नायुतंत्र और फेफड़ों पर जानलेवा असर डालता है। यह संवाद अच्छे-भले इंसान को देवदास बना डालता है। हर देवदास को शरतचन्द्र कहाँ नसीब होते हैं। अतः यह देवदास प्रतिदिन थोड़ा-थोड़ा मरता जाता है।

वापस चलते हैं उस पगले पुरुष के पास जो बिस्तर में अपने टैब पर टकटकी लगाये मसनद के सहारे अधलेटा है। अभी-अभी एक संदेसा

मिला है। यानी भेजने वाली भी अभी सोई नहीं है। दिल को चैन कैसे पड़े। कम्बख्त एकदम किशोर हो गया है। इतनी तेज़ तो यह सुहागरात पर भी नहीं धड़का था। क्या इसका यही अर्थ निकलता है कि दूरस्थ आकर्षण, निकटस्थ प्रेम से ज़्यादा जानदार और शानदार होता है?

कभी-कभी लगता है वह पुराना युग लौट आया है जब कुमुद ने सरस्वतीचन्द्र से कहा था, 'फूल तुम्हें भेजा है खत में फूल नहीं मेरा दिल है।'

उधर संदेसा भेजनेवाली की भी यही दशा हो सकती है। वह आवारा फिल्म की नायिका की तरह मन ही मन गुहारती है, 'आ जाओ तड़पते हैं अरमाँ, अब रात गुज़रने वाली है।'

आभासी संसार के सम्बन्धों में यथार्थ से ज्यादा कल्पना और कल्पना से ज्यादा रोमान को जगह मिलती है। यह सबको पता है फिर भी इसी सब पर सुनंदा पुष्कर को जानलेवा गुस्सा आ गया। वह इसे अपने खूबसूरत साथी की खब्त समझकर नज़रअन्दाज कर देती तो आज सही सलामत बैठी होती। पत्नी शिकायतों का पुलिन्दा बनाती चली जाती है तो पति के दिल से यही आवाज़ आती है, 'मुझसे पहली सी मुहब्बत मेरे महबूब न माँग।'

❑❑